まえがき　幸運を引き寄せる3つのよかったこと

あるとき、セミナーの教え子の1人からこんなメッセージが届きました。

「先生、ありがとうございます。教えていただいた3つのよかったことをLINEの友人8人で半年間続けていたら、ガンにかかって不安を抱えていたお友達が元気になりました！　いつか、みんなといっしょに温泉に行きたいと、散歩を始めたそうです。友人を励ますために3つのよかった……めたのだけれど、こんなことがあるのですね。うれしくて泣いちゃいました」

よかったことが奇跡を起こしていたのです。ガンになってしまった友人が元気になり、いっ……泉に行くという希望をプレゼントできたのです。

……外にも、多くの実践者たちから奇跡のようなできごとが起こった知らせが届いています。……を出版することができて書店に並んだ。結婚相手が見つかり子どもが産まれてきてくれた。……った娘が勉強をして大学に合格した。不愛想だった父親が感謝の言葉を言ってくれるよう……冷たい関係だった妻との仲が改善されて幸せ感を得ることができたなどです。

……の日常生活は、忙しさやストレスにあふれ、ときには希望や幸福感を見失いがちです。し……の幸せを感じる心を持ち、今の自分の置かれている状況に感謝の気持ちを持つことによって、自分自身や周囲の人々に素晴らしい変化をもたらすことができるのです。

本書は、3つのよかったことの具体的なやり方や効果を解説しています。3つのよかったこととは何か、どのようにして私たちの思考や言葉に影響を与えるのか、なぜそれが奇跡を起こす力を秘めているのか。本書を通じて、その答えを見つけていただけます。

また、本書では数々の成功事例や実践者の声を紹介いたします。その体験からは、３つのよかったことがもたらす奇跡的な変化や幸福感が伝わってきます。その１つひとつのエピソードが、あなたの心を揺さぶり、人生の新たな可能性と希望を見つける手助けになるでしょう。

私自身も３つのよかったことの実践者であり、数々の恩恵を受けています。やりたいことをやりたいときに、やりたい人たちと楽しむ人生が実現できるようになりました。日々の生活の中で、３つのよかったことを書くと、あなた自身も人生にもたらす奇跡を体験できるでしょう。

よかったこと探しをしても、ふさわしい事柄が見つけられなくて言葉にできない人もいるかもしれません。本書は、そんな悩みを一挙に解決します。うまく見つけられない理由はもちろん、どうしたら、見つけられるかのヒントを満載しています。

本書を読むことで、あなたはすぐに３つのよかったことが書けるようになります。継続して書いていると、気づかないうちに心の持ち方が変化してきます。誰もが喜ぶ言葉を選ぶようになり、よいことをどんどん引き寄せてきます。

ぜひ、本書を手に取り、３つのよかったことを体験してみてください。あなたの人生が、希望と幸福感に満ちあふれたものとなることはまちがいありません。

【自分に感謝】

2024年1月

藤咲　徳朗

よいことが次々と舞い込む、奇跡のプロセス　開運の魔法！　３つのよかったことが幸運の扉を開く　目次

2　言葉が人生をつくる・29

3　人生に幸運を引き寄せるワケ・48

第2章　幸運を引き寄せる3つのよかったこと作成ガイド

第3章　人生に奇跡を起こす人だけが知っている目からウロコの活用法

第4章　3つのよかったことファシリテーターになろう

3

第5章　3つのよかったことを書いて人生が変わった

第1章

なぜ3つのよかったことが幸運を引き寄せるのか

1　自分に関心を持っていますか

●3つのよかったこととは何か

私は自分の持っているFBのコミュニティーで、3つのよかったことを毎日書いています。私だけでなく、一緒に参加しているFBのコミュニティーのメンバー50人も書いています。3つのよかったこと（Three Good Things）は、アメリカの心理学者セリグマン博士が提唱したストレス解消方法です。ストレスが解消されるので幸福度を上げる効果もあると言われています。

その方法はとても簡単です。毎日、1日の終わりに、その日に起きたよかったことを3つ書き出すだけです。今日1日を思い出すと、多くの人は、どうしても嫌なできごとのほうを思い出してしまいます。〝よかったことは何があったかな〟と思い出して書き出すことで、1日を前向きに明るい気持ちで終えることができるようになります。

そして、毎日3つのよかったことを書いていると、意識してよいことを見つけるようになります。それが前向きに物事を考えられる習慣になります。よいことを思い出したり振り返ったりする習慣を持つと幸福度が上がります。幸福度が上がることでストレスがたまらなくなりストレスが解消されるのです。

3つのよかったことは、自分自身が「前向きな気持ちになる」、「明るい気持ちになる」内容であれば、どのようなことでもかまいません。よかったことだけでなく、うれしかったこと、感謝したいことを書いてもいいのです。

たとえば、次のようなことを書いてもいいでしょう。

□観たかった映画を観ることができた。
□息子が野球の試合でバントを上手に決めた。
□生チョコレートロールケーキを食べた。
□家庭菜園のキュウリが大きく育っていた。
□大きなひまわりの花を散歩の途中で見つけた。
□虹を見ることができた。
□アイスクリームの形をした雲を見つけた。
□娘の冗談に笑った。

3つのよかったことをノートに手書きで書いている人もいます。私の場合は、パソコンにワードで毎日、その日の3つのよかったことを書いています。それをFBのコミュニティーに、コピー&ペーストして投稿しています。

この方法は、よかったことを週でまとめるときにとても便利です。毎日、手書きで書いて実感することも大切だけれど、週でよかったことを味わうために、ワードに書き込みをするやり方をおすすめいたします。

効果ですが、セリグマン博士の言葉だと1週間ほどで効果を感じるそうです。心が快調になっているることを感じるのです。今日から試しによかったことを3つ書いていきませんか。あなたの人生に幸運を引き寄せるきっかけになるでしょう。

まずは、自分に合う方法で始めてみてください。1人で始めてもよいのですが、FBコミュニティーなどの仲間で行ったほうが他の人の書いていることも参考になるので、継続しやすくなります。

●日々のよかったことの価値はお金にするといくら

日々のよかったことが何もない人生を10年間過ごす人体実験をするとしたら、あなたはいくらの金額の契約なら受けますか?

毎日の生活でよかったことをまったく感じない人生を送るのです。この契約をしたら、何をしてもよかったと感じることがありません。また、相手からよかったと思われる行動を受けることもなく、よかったと感じる言葉をかけられることもありません。だから、感謝することも、感謝されることもありません。あらゆる場所、職場でも家庭でも一切、よかったことがないのです。その代わりに、悪いことだけは十分に味わうことができます。

「いくらの金額なら契約しますか」と答えを聞くと、「そんな契約は嫌だ」という人が大半でしょう。そこをあえて絶対契約しないとならない決まりだとすると、かなりの高額の請求になるはずです。実際に聞いてみたところ、平均は１００兆円でした。

それくらいよかったことには価値があるとわかっているのです。そして、気づくことがあります。そんな大切なよかったことなのに、よかったことを振り返っていただろうか。よかったことを味わって楽しんでいただろうか。こんなに大切なのに、ほんの少しの言葉にする時間さえとっていなかったと気づくことができます。

よかったことを楽しみ過ぎて不幸になった人はいません。悪かったことばかり考え過ぎて不幸になっている人はたくさんいます。よかったことの価値は１００兆円とわかった今から、３つのよかったことを始めてみませんか。

●心の栄養は満ち足りていますか

人が明るく元気になって、やる気を出すためには、心の栄養が欠かせません。心の栄養についてわかりやすくお話しいたします。

たとえば、体の栄養の補給のために食事は欠かせません。昨日、食事をしたので、今日の食事はいらないという人はいないはずです。

しかし、心の栄養については、どうでしょうか？

毎日、心にも栄養補給をすることは、考えていないのではないでしょうか？

体の栄養と同じくらい、心の栄養も欠かせないのです。毎日、心も使うので栄養不足になるからです。心の栄養が不足すると、心の病気になります。体の病気は、予防に気を付けています。風邪をひかないように注意しているでしょう。

ところが、心の病気については、多くの人が予防をまったく考えていないものなのです。

３つのよかったことを書くと、心の栄養が補給されて心の病気の予防にもなるのです。

心の栄養の感じ方には、次の４つがあります。

①楽しいという心の栄養
②能力の向上という心の栄養
③人間としての成長褒められたりという心の栄養
④認められたり褒められたりする心の栄養

自分の1日のよかったことを書くと楽しいです。能力の向上や人間としての成長を書くと自分が誇らしくなります。そもそも、３つのよかったことを書くのは自分を認めて、褒めていることになります。３つのよかったことを書くと、この４つの栄養をすべて満たすことができるのです。

認める言葉や褒める言葉は、すぐに明るく元気になる心の栄養です。心の栄養は、自分で感じたり、まわりの人たちからの言葉を通じて自分の心に入ってきます。あなたのまわりに、いつもがんばっているあなたに関心を持って声をかけてくれる人はいないかもしれません。３つのよかったことを書いていると、そんな自分のよかったことを見つけて、認める言葉、褒め言葉をかけていることになります。自分自身に愛を伝える人になっているのです。

そして、3つのよかったことをグループの仲間で行っていると、相手のよかったことを「よかったね」とコメントで返してくれる人がいます。相手に愛を伝える人になっています。もっとも簡単な愛の伝え方です。伝えられた人も伝える人も幸せな気持ちになっています。

●意識しないものは存在していない

意識をしていないものは見えていません。意識をして見ようとすると見えてきます。たとえば、あなたのまわりにある赤いものは何って、意識をして見ると赤いものに気づくのです。3つのよかったこともそうなのです。意識して探していくと、よかったことに気づくのです。もし、探すことをしなかったら、よかったことに気づくことがないのです。気づかないのはよかったことが存在していないという状態と同じです。

そして、よかったことがあっても喜ばない人がいます。それは、よかったことに気づくセンサーの感度が低いからです。また、うれしいという心につながる回路が断線しているからなのです。

3つのよかったことを継続して半年以上続けていると、よかったことに気づくセンサーの感度が高くなります。うれしいという心につながる回路が修復されて接続されるようになります。すると、よかったことがあった瞬間にうれしいと感じる心になっていきます。

人生が退屈でおもしろくない、何もよいことがなかったと思っている人は、よかったことがあったとしても気づいていないだけかもしれません。

今日から、３つのよかったことを書いていきませんか？

続けていくと、高感度のセンサーを持つことができます。瞬間で３つのよかったことが思い浮かぶようになるのです。よかったことを喜ぶ回路も高性能になっていきます。些細なことでも、こんなよいことがあったと喜ぶことができるようになります。

●自分に関心を持っていますか

あなたは自分に関心を持っていますか？

自分自身の体験したよかったことを見つけ出す時間を取っていないとしたら、自分に関心がない状態なのです。いつも他の人に流されて生きていて、自分の感情に向き合う時間を取っていないのです。だから、どんなによかったことがあったとしても見過ごしているのです。

関心がないと見えていないということを体験してもらう質問があります。「自動車用の信号機の青はどこですか。左、真ん中、右のどちらですか」と質問します。そして、「歩行者用の信号機の青は上、下のどちらですか」と質問します。

両方とも正解できる人は50％以下です。その日の朝に車を運転してきた人も間違っています。青はどっちかなと関心を持っていないと、人は見ていても記憶に残っていないのです。つまり、見ていないのと同じなのです。

もう１つ質問があります。コンセントの穴の大きさは、①左が大きい、②右が大きい、③両方とも同じ大きさ、いずれが正しいですか。関心を持って見てみると、左のほうが大きいことに気づきます。コンセントの穴を生まれて初めて見る人はいないでしょう。携帯電話を充電するときはコンセントの穴に差し込み口を入れているはずです。それでも間違うのは、関心を持って見ていないからです。関心を持って見ていないと、こんなことにも気づいていないのです。

自分のことも同様です。関心を持って見ていないと何も見ていないのと同じなのです。

愛情の反対は何でしょうか？　憎しみ、怒りでしょうか？

どちらでもなく、〝無関心〟だそうです。マザー・テレサの言葉です。自分に〝無関心〟は、自分の存在を無視しているのです。だから、自分に無関心が、自分に対して最も愛情のない行為かもしれません。

●自分のよいところに気づいていますか

リンゴの絵を２つホワイトボードに描きます。１つは丸いリンゴ、もう１つは欠けたリンゴです。どちらが気になるか聞きます。

すると、ほぼ全員が欠けたリンゴが気になると答えます。人は欠けたものが気になるようになっているのです。欠けたものとは、欠点、問題点、不安なところ、嫌なところなどと置き換えることができます。

もし、それらが気にならなかったら、自分の生命を守ることができなくなるでしょう。たとえば、ふだんと違って街の中でクマが歩いていたとしたら、逃げないと襲われるかもしれません。そのようなことに気づいて命を守るために、欠けたところや不安なことに気づく本能のようなものが人間には備わっているのです。それは誰にでも備わっているものです。

しかし、人を見たときにいつも欠点ばかり気になってしまうと、その人とのよい関係を築くのが難しくなります。人を見るときは、リンゴの欠けたところではなく、実のある方、つまり、よいところを見るとよいのです。「よいところは何かな」と思って見ると、その人のよいところに気づけるはずです。そして、自分自身を見たときも欠点ばかりを見てしまうと、自己肯定感を下げてしまいます。自分自身もよいところを見るのです。

よいところを見る習慣を身に付ける最も簡単な方法が、3つのよかったことなのです。「今日のできごとを3つ書いてください」と言うと、おそらく、人間の脳はマイナスの情報を集めようとします。「3つのよかったことは何かな」と自分に問いかけると、脳はそれにふさわしい情報を集めてくれるのです。楽しく人生を過ごしたければ、よいところを見る習慣が欠かせません。自分自身のよいところを見つけられると人生が楽しくなります。

よかったことがなかなか出てこない人もいます。ダメな自分を見てしまうからです。子ども時代や学生時代に「欠点を矯正しなさい、短所を治しなさい」と言われて育って、ダメな自分を見ることが習慣になっているのです。自分の欠けたところだけでなく、他の人の欠けたところを見るのも習慣になっているのです。

１日の中ではよかったことも悪かったことも起こっています。たとえば、10個ずつ起こっていたとします。１日の終わりに悪かったこと10個に着目すると、最悪の１日になります。１日の終わりによかったこと10個に着目すると、とってもよい１日になります。どこを見るかで感情が違って来るのです。

たとえば、厚生労働省のデータでは、男性の平均寿命は約81歳、女性の平均寿命は87歳です。ある男性が60歳になったとします。「人生の大半を過ごしてしまった、もう21年しかない」と思って過ごすのと、「まだ21年ある。できることはまだある」と思って過ごすのとでは、これからの人生が大きく違って来るはずです。

〝もう〟と〝まだ〟との違いですが、心理的には大きな違いがあります。

人は欠けているもの、なくしたものばかりを見がちです。たとえば、自分の短所ばかりを見てしまう人がいます。同じように他人の短所ばかりを見てしまうのです。

３つのよかったことを継続すると、よかったことを見る色メガネができます。自分のよかったことを見る色メガネは、相手のよいところを見る色メガネにもなります。慣れてくると短所が全く見えなくなります。長所も短所もその人の魅力的なところに変わっていくからです。

●何がよかったことかを知らないからできないだけ

３つのよかったことを書くのが苦手な人の話を聞くと、そのやり方を知らないからできていない状態です。

たとえば、よかったことを書くのが苦手なのは、何がよかったことなのかを知らないからです。よかったことを喜ぶモデルもそばにいないし、これまでよかったことを喜ぶ感情をはぐくんでこなかったからです。だからよかったことを書くのが苦手なのは当然です。

愛情を受けて育っていなかった人は愛情がわかりません。楽しさを味わったことがない人は楽しさがわからないのです。たとえば、家族に誕生日のお祝いをしてもらった体験がない人は、誕生日のお祝いの楽しさがわからないのです。

だから、よかったことの体験が少ない人は、どんなことがよかったこととして人は感じているのかを知る学びの時間が必要なのです。

解決法は正しいやり方を学ぶことです。本書には正しいやり方を書いています。正しい順番も書いています。そして、楽しく継続する方法も書いています。第2章から、そのことを書いていますので、待ちきれない人は、第2章からから読み始めてください。

3つのよかったことは一生の宝になります。自分も、自分の大切な人たちも幸せにできます。もし苦手だと思ってやっていなかったとしたら、それは、ほんの少しの学ぶ時間を取っていなかっただけなのです。楽しく学べば、誰でも3つのよかったことが書けるようになります。

巻末によかったこと100の事例を大人版と子ども版で載せてあります。3つのよかったことファシリテーターの仲間がふだん書いている日常のよかったことばかりです。ぜひとも、味わって読んでみてください。よかったことを実感できます。

●３つのよかったことを書いていると今も未来も過去も幸せになる

３つのよかったことは、今のよかったことを見つけることになります。毎日繰り返していくと、よかったことが自動的に見つかるようになります。よかったことを見つけるセンサーと回路が高性能になっていくのです。

それは、ある日に鉛筆で１本の線を引いたら、翌日も同じところに線を引く、それを毎日続けていると、線がだんだん太くしっかりしたものになっていくのと同じことなのです。何度も繰り返してよかったことを見つけようとしていると、高性能なセンサーと回路ができあがっていくので、意識しなくても、自動的によかったことを見つけられるようになるのです。

３つのよかったことは、よかったことがある今が幸せだと気づかせてくれます。今が幸せだとわかったら、さらに幸せが広がります。心がよかったことにフォーカスしているから、ワクワクした未来をイメージするようになります。未来のよかったことも見つけることができるようになります。すると、未来の幸せなできごとを引き寄せる行動を今、始めるようになるのです。だから、未来も変わるのです。

そして、今の幸せを感じながら過去を見ると、過去も幸せだったと思えるようになります。３つのよかったことを書いていると、今だけでなく未来も過去も幸せに変わるのです。

●未来は自分でつくるもの

「未来は自分自身でつくるものだ」

これは映画『バック・トゥ・ザ・フューチャー・パート3』で、ドクタードクが主人公のマーティーに伝えた言葉です。映画『バック・トゥ・ザ・フューチャー』は1985年に公開され、またたく間に大ヒットを記録したSFシリーズで第1作から第3作まであります。高校生のマーティーは、天才発明家ドクの発明したデロリアン型タイムマシンで30年前の過去にタイムスリップしてしまいます。現在に戻ったり、未来に行ったりを繰り返す映画です。

そこに出てくる、「未来は自分自身でつくるものだ」は第3作のラストシーンの名セリフです。未来は誰にとっても白紙であって、未来をつくるのは自分自身だというドクタードクの名言です。どんな未来になっているのかと不安を感じて悩むよりも、能動的にどんな未来にしようかとワクワクした未来をイメージしなさいというドクのラストメッセージなのです。

2　言葉が人生をつくる

●脳の記憶は悪い言葉にあふれている

よい言葉と悪い言葉のワークをしたことがあります。10人くらいの参加者に向かって、よい言葉を単語で順番に言ってもらいました。言葉が重ならないようにどんどん言ってもらって、ホワイトボードに書いていきました。３周くらいで、途切れました。

次に悪い言葉を言ってもらいました。どんどん出てきて、５周を超えました。数を数えると、悪い言葉がよい言葉の約2倍でした。一般的な人は悪い言葉のほうが数多く脳に記憶されているのです。

世の中では悪い情報が多く発信されていて、人の脳はそれをキャッチしやすいからです。悪い情報のほうが記憶に残るからです。だから、何らかの物事を見たときに、すぐに悪い言葉が出てくるのです。「最低」、「最悪」、「ずるい」、「ウソつき」、「耐えられない」、「嫌だ」、「ムリ」、「できない」などの言葉が出てくるのです。

人は言葉で考えるので、考えた言葉が自分の感情に訴えてきます。感情は悪い言葉のとおりになり、表情や態度もそのとおりになっています。悪い言葉でいっぱい埋まっている脳の記憶を変えるにはよい言葉を使うしかありません。

●悪口や愚痴、不親切な言葉を言わない

エドガー・ケイシーはアメリカ生まれで、催眠状態に入ると、あらゆる難病に対して診断と治療法を与えることができた人です。生涯を通じ、２万件を越す「リーディング」（超意識から取り出した情報）を残しています。

悪口を言わないことについてのケイシーリーディングがあります。

『丸一日、どんな不親切な言葉も口にせぬようにする。誰に対しても、誰に関しても、辛辣な言葉を口にしないようにする。そして、その日がどれほど自分に幸福をもたらすか、とくと味わってみることだ』

『不親切に語ることをやめよ。人についてよいことを言うことができないなら、黙っていることだ。たとえ、あなたの言うことが真実だとしても』

『自分の精神を汚すのは、口に入るものではなく、口から出るものである』

どうしても誰かに愚痴を言いたくなるようなできごとがあるかもしれません。そんなときでも言わないことを選択するのです。しばらくスルーしていたら、そのうち言いたい気持ちも薄まってきます。自分の心のレベルを高めたいと願っているなら、「人の悪口、愚痴、不親切な言葉を言わない」は心を高める基本項目です。

私は気がつけば、悪口、陰口、愚痴を全く言わなくなりました。私が言わないだけではなく、3つのよかったことを書いている仲間たちも言わないので、一緒に食事をしたり、お酒を飲んでも、誰かの悪口、陰口、愚痴が話題にのぼることもありません。それは本当にありがたいことです。

3つのよかったことを書いているある男性の奥さまの愚痴がなくなってきたそうです。奥さまの笑顔が増えて、家庭が癒しの場に変わってきたそうです。

悪口を言うと寿命が5年短くなるという研究結果が出ているそうです。そして、よい言葉を言う人は健康であり寿命が伸びるそうです。使う言葉が寿命を左右しているのです。

●言葉にする前に相手の気持ちを考える

人はつい、激しい言葉で、相手を叱責してしまうことがあります。

たとえば、こんなことを親から言われたら、子どもはどんな気持ちになるでしょうか。

「おまえなんか産まなければよかった」、「おまえは頼りにならないな」、「おまえはバカだな！」

夫婦だと、夫からこんなことを言われた妻はどんな気持ちになるでしょうか。

「結婚して失敗した」、「何もできないやつだな」

妻からこんなことを言われた夫はどんな気持ちになるでしょうか。

「頼りにならないわね、がっかりだわ」、「隣の旦那さまは家族思いでやさしいのよ」

本当はそれほど強い気持ちを持っていなくても、つい感情が高ぶって言うケースがあるかもしれません。

「それを言っちゃおしまいだよ！」

映画のフーテンの寅さんの有名なセリフです。自分の感情でなく、相手がどう思うかを考えてから言葉を選んで話すようにしましょう。自分の感情のままの思っていることを言うのでなく、相手がどう思うかを考えてから言葉を選んで話すのです。

そうでないと、とても大切な人を嫌な気持ちにさせるからです。

相手が嫌な気持ちになると思ったら、言わないことも選択しましょう。相手に必要だと思うアドバイスをして、相手を変えようとしなくてもよいのです。

２０２２年度の小学校や中学校のいじめの件数が調査を開始してから最高の件数になったというニュースが新聞で発表されました。文部科学省の問題行動・不登校調査でわかったそうです。会社でも厚生労働省のデータによると、個別労働紛争で一番多いのは、いじめや嫌がらせになっています。

その対策は言葉の選択を変えることだと思っています。そして、相手が傷つく言葉を言わないこと、相手を認めること、相手を褒めること、相手に感謝することを実践することだと思っています。言い過ぎて失敗している人をたくさん見てきました。言い過ぎないことが幸せのコツなのです。

●肯定語を増やす方法

３つのよかったことがうまくいく正しい順番は、最初に肯定語を頭の中にインストールすることです。頭に肯定語がないと、よかったことをよいこととして言語化できないのです。肯定語を学ぶ時間を取りましょう。一般社団法人日本褒め言葉カード協会が作成した〝褒め言葉あいうえお表〟２００選を音読すると、肯定語がどんどん頭に入ってきます。

これは延べ２０００人からアンケートを取って、言われてうれしい言葉をあいうえお順に並べたものです。これを書いて覚える人もいます。スピードよりも味わいながら、言葉と感情を一体化させることに重点を置きます。ときには、声に出してみて声のトーンを変えて言葉の感情を味わうようにします。表情にも気持ちを込めて言葉にするのがコツです。

【褒め言葉あいうえお表 200 選】

褒め言葉 あいうえお表200選

あ

- あ　ありがとう、愛している、安心、熱い、愛がある、安定している、あったかい、あこがれる、明るい、愛嬌がある
- い　いいね、イケてる、一流、一番、一貫性がある、癒される、一生懸命
- う　うまい、うれしい、美しい、運が良い
- え　偉い、エネルギッシュ、エース
- お　おもしろい、おかげさま、おもいやりがある、おおらか、おいしい、おしゃれ、おとなしい、オーラがある、おだやか

か

- か　がんばった、かわいい、感謝、賢い、カッコいい、輝いている、神ワザ、画期的、活発、感動、可憐、代わる人がいない、完璧
- き　気が利く、気遣いがある、きれい、奇跡、清らか、キラキラしている、極めている、気持ちいい、義理堅い
- く　グー
- け　元気、経験値が高い、健康的、堅実
- こ　豪快、根性がある、心強い、個性的、心が広い、ご苦労さまでした、ごちそうさま、幸福

さ

- さ　さすが、最高、さわやか
- し　上手、信頼している、幸せ、芯がある、真剣、正直、上品、紳士的、純粋、社交的、勝負強い
- す　素晴らしい、すごい、素敵、好き、スペシャリスト、筋が通っている、素直
- せ　成功、正確、誠実、絶好調、先生、責任感がある、センスいい
- そ　そうだね、尊敬、存在感がある

た

- た　だいじょうぶ、楽しい、たくましい、助かる、正しい、頼もしい、タフ
- ち　力強い、違いが分かる、調子いい、緻密、チャーミング
- つ　強い、ツイてる
- て　天才、できる、ていねい
- と　度胸がある、とびぬけている、特別、独創的、読書家

な

- な　なるほど、納得、ナイス、なごむ
- に　にこやか
- ぬ　抜きんでている
- ね　ね！　熱血漢、粘り強い
- の　ノッテる、能力高い、ノリがいい、伸びしろがある、伸び伸びしている

は

- は　はい、早い、華がある、パワフル
- ひ　ひらめいたね、光っている、ひかえめ、美人、人懐っこい、ひたむき
- ふ　プロ、不死身、フレッシュ、プリンセス
- へ　へえー！　勉強になる
- ほ　本当だ、ホッとする、包容力がある、ほがらか、ほのぼのする、ほれぼれする

ま

- ま　マネできない、マメだね、まじめ、前向き、任せられる、満点
- み　ミラクル、魅力的、魅せられる、見違える、ミステリアス
- む　ムダじゃなかった
- め　名人、目立つ、メンタル強い
- も　儲かったね、持っている、モテる、物静か

や

- や　やったね、やるね、優しい
- ゆ　優秀、愉快、夢がある、ユニーク、勇気がある
- よ　良かった、予想以上、予想どおり

ら

- ら　ラッキー
- り　良好、理想的、凛々しい
- る　ルンルン
- れ　礼儀正しい
- ろ　ロマンチック

わ

- わ　わくわくする、若々しい、分かりやすい、ワンダフル
- を　ウォー！！
- ん　ん～！！

他の人に言ってもらって聞くことも効果があります。そのときは、1つひとつの褒め言葉を自分が言われたと思って心で感じながら聞くようにします。肯定語の効果で誰もが表情がだんだんにやわらかな笑顔になっていきます。言葉の効果を感じることができます。

●言葉が人生をつくる

言葉を口に出すと言霊効果で、それが実現すると言われています。

言霊の歴史は古く「言霊」に関する記述は古事記や日本書紀にも見ることができます。昔から日本では、言葉には神秘的な力があると考えられていました。口に出さなくても言葉を思っただけでも同じように実現する効果があります。人は内部対話（無意識に心の中で思うこと）で1日6万語以上、自分と対話しているそうです。そして、その内部対話の9割以上が否定的なことだと言われています。

たとえば、「いやだなぁ」、「あの人は苦手だ……」、「会社に行きたくないなぁ」などです。「いやだなぁ」と思うと、その言葉に引きずられてマイナスのイメージを持ってしまいます。すると、マイナスのことが実現するようになります。

この内部対話が少しでも肯定的な言葉に変わると、人生が変わっていきます。その内部対話を変えることができるのが3つのよかったことなのです。よかったことを肯定語で言語化して、五感で味わうという繰り返しをしていると、内部対話も肯定語に変わっていくのです。驚くような奇跡が起こるのも、内部対話が変わるからです。

たとえば、グループでよかったことをシェアしている人たちは、お互いのよかったことを読んでいるだけで、無意識に使う言葉が肯定語に変わっていくのです。なんだかわからないけれど、他の人のよかったことを読んでいると楽しいという声を聞くことがあります。なんだかわからないように言葉を変えていけるのが３つのよかったことなのです。

マザー・テレサは、こんな名言を残しています。

「思考に気をつけなさい、それはいつか言葉になるから」
「言葉に気をつけなさい、それはいつか行動になるから」
「行動に気をつけなさい、それはいつか習慣になるから」
「習慣に気をつけなさい、それはいつか性格になるから」
「性格に気をつけなさい、それはいつか運命になるから」

逆を言うと、次のとおりになります。

「思考が変われば、言葉が変わる」
「言葉が変われば、行動が変わる」
「行動が変われば、習慣が変わる」
「習慣が変われば、性格が変わる」
「性格が変われば、運命が変わる」

つまり、欠点を見る思考からよいところを見る思考に変わると、脳の中の言葉の記憶の倉庫が修正されていくのです。どんどん上書きされていき、使う言葉が肯定語に変わっていくのです。すると、行動を変えること、習慣を変えること、性格を変えることができます。そして、運命を変えることができるようになるのです。それが奇跡的なできごとが起こる理由です。

奇跡的なできごとが起こるような段階になると、当の本人は奇跡とは思っていません。当たり前のように引き寄せているできごとの1つだと思っているからです。

言葉の重要性は聖書でも書かれています。

『初めに言葉があった（ヨハネの福音書）』

「初めに言葉があった。
言葉は神と共にあった。
言葉は神であった。
この言葉は、初めに神と共にあった。
万物は言葉によって成った。
成ったもので
言葉によらずに成ったものは
ひとつもなかった」

言葉があるから万物が成り立ち、奇跡も起こると言ってもよいのです。

●脳の安定化志向と可塑性

人は変わることに抵抗して変わらないように行動してしまいます。脳の安定化志向が働いてしまうからです。

私たちの脳には、「安定化志向」と「可塑性」という大きな2つの特徴があります。

たとえば、研修やセミナーに参加した人がまるで別人になったように周囲から見られるケースがあります。研修やセミナーの場で大きな刺激を受け、抑制されてきた自分を解放する体験をしたような場合に変化します。本人にとって、これまで抑えてきた自分を解放させることはとても気分がよく、成長したように感じます。

ところが、生まれ変わった自分で生活を続けることに慣れていないのです。すると、「前のままでいたほうが楽だ」という意識が働きだします。その結果、せっかく研修で見つけだした価値があると思える自分よりも、これまでと同じ楽なままの自分でもいいと思ってしまうのです。これを「脳の安定化志向」と呼びます。新しいことを取り入れることや、今まで経験したことがないことを避けて、これまでどおりの慣れ親しんだ生活や習慣を続けることを選ぶのです。

たとえば、お酒を飲みすぎることや、たばこを吸うことは体によくないことは誰でも知っているでしょう。ところが、お酒を飲みすぎる人は宴会などに出席すると、やはりお酒を飲みすぎてしまうことを経験します。たばこを吸う人で、一度は禁煙を決意したけれど挫折して、再びたばこを吸っている人はたくさんいます。

「よくないこととはわかっているけど、変えるのは面倒だ」、「やっぱり習慣だから変えられない」と考えてしまうのです。悪い習慣は変えたほうがよいことだとわかっているのに変えられないのです。しかし、これは無理もないことです。「脳の安定化志向」だからです。

一方で脳には「可塑性」があります。「可塑性」とは変化しやすさを表す言葉です。「少しずつなら変えられる」と理解するのがいいでしょう。脳は急激な変化には抵抗があっても、少しずつ変わることには順応性を発揮します。

安定化志向と可塑性の関係は振り子のようなものです。一方に振れると必ず逆方向に振れます。一方が改善したい方向で、片方は現状維持の方向です。この関係を理解し、最初は小さな振れから始めます。振れ戻しの影響が小さなもので済むようにするのです。

3つのうれしかったことを書くことは、小さな自分自身の変化の第一歩なのです。3つと限定しているので、負担が大きくはありません。うれしかったことなので、今の自分のレベルで見つけるのが容易です。だから、脳の安定化志向が働きません。

しかしながら、可塑性により、毎日少しずつ使っている言葉が肯定語に変わっていくのです。この「脳の安定化志向」と「可塑性」という特徴を活かして、最も簡単に幸運を引き寄せる方法が3つのよかったことです。継続すると、奇跡的なことも起こって来るのは、この脳の働きを無意識に活用しているからです。絶対に奇跡を起こすぞと意気込むのではなく、軽い気持ちで行うのがコツなのです。

●幸せな人たちに共通するのは他人との結びつき

「幸せについて知っておきたい５つのこと」（エリザベス・ダン著）という本に、幸せになるために欠かせない３つの条件があると書いてありました。「人との交わり」、「親切」、「ここにいること」の３つです。

幸せな人たちはみな友人や家族と良好な関係を築いています。友人や家族との何気ない日常の結びつきで幸せを感じているのです。たとえば、３つのよかったことで次のようなことを書いてくれている人がいました。

「スマホを忘れて送別会に出かけた夫に、駅まで自転車を飛ばして、ギリギリ渡すことができた。その後、ありがとうのメッセージが来てうれしかったです」

「夕方から体調不良になった私のために、夫が夕食に味噌煮込みうどんをつくってくれました」

「次女の誕生日を家族全員でお祝いして、みんなで食べたケーキがおいしかった」

「家に忘れ物をしたら妻が赤ちゃんを連れて事務所まで届けてくれた」

「娘を朝起こしたら、〝おはよう〟とさわやかに応えてくれた」

親しい友人や家族がまわりにいない人もいるでしょう。でも、人との交わりは、近くのコンビニ、レストランでも体験することができるのです。次も３つのよかったことで書いてくれたものです。

「ファミリーレストランで会員の特典デザートをサービスで食べられました！　これが夏休み一番のご褒美だったかもしれません」

「地元の田舎町で、しかも裏通りで、本物のくまモンに会えたこと！　むちゃくちゃうれしくてまわりの子どもたちと一緒になって喜びました。くまモンの笑顔はみんなを幸せにします。私も笑顔を大事にしようと思いました」

●人に親切にすると幸福感が高まる

人と交わるだけでなく、人に親切にする行動は幸福感を高めてくれます。電車内で妊婦さんやお年寄りに席を譲る行為で、さわやかな気持ちになった体験があると思います。人に親切にすると、自分の幸福感が高まるのです。

親切と対になるのが感謝の気持ちをあらわすことです。感謝するという気持ちは幸福と密接につながっています。

私は2つのグループでこんな実験をしてみました。1つのグループには毎日よかったことを3つ書いていただきました。どんな小さなことでもいいのでよかったことを書くお願いをしたのです。もう1つのグループにはよかったこと3つを書くお願いをしませんでした。

3か月後、両者を比較してみました。毎日よかったことを書いたグループは、無意識に家族や仲間たちに親切な行動をしていました。日常生活の当たり前のことに対する感謝の思いが高まっていました。今日も朝が迎えられたこと、子どもたちの成長、両親との何気ない会話、毎日の食事などのよかったことを書きながら、感謝の思いを感じていたのです。

ところが、何も書いていないグループはよかったことがない毎日を過ごしていたのです。それだけでなく、誰かに親切にする心の余裕がありませんでした。感謝の思いよりも、不安や不満を引き寄せていたのです。

この実験はよかったことを振り返る時間を取ると、無意識に親切な行動を取ることや感謝の思いを持つことを明らかにしてくれました。3つのよかったことでこのようなエピソードを書いてくれる人がいました。

「パソコンスクールの生徒さんが教室に入って来るや否や、『先生助けて、鹿児島のお母さんが亡くなって……明日の飛行機の予約して欲しいねん』と言ってきました。いろいろ変わっていることもあり、調べながら丁寧なサポートができました。喜んでいただけてうれしかったです」

「別室登校の女の子によかったこと3つは何と言ったら、ニコニコ顔でよかったこと4つも話してくれました。感謝！」

●今ここにいることができていますか

今ここにいることとは、すなわち目の前のことに集中するという意味です。

たとえば、せっかくの日曜日、翌日からの仕事のことを考えて憂鬱に過ごしてしまう。すると、大切な休日が無駄になり、自ら幸福度を下げてしまう結果になります。

いつも未来に楽しむことを考えてばかりいて、今を楽しむこと忘れていませんか？

未来を楽しむことはできません。未来を楽しんでいるのではなく、未来を楽しくイメージして今を楽しんでいるのです。人は今を生きているからです。

幸せな人は、今、そのときを幸せに過ごしているのです。あなたはどこにいますか？　ここにいても、誰かの話を聞いていても、上の空の状態だと、ここにいないことになるのです。

神道には「中今」という言葉があります。過去と未来の真ん中の今、直面する一瞬一瞬に全力を尽くして生きること、神道ではこれを「中今」と言います。私は今に感謝して幸せに生きることが明日を幸せに生きることにつながると思っています。

今ここにいることを楽しんでいる人のよかったことの例です。

「お天気がよくてお布団を干したこと、フワッフワッになり太陽の香りがして幸せです」

「夕焼けがとてもきれいだったこと。ずいぶん日が短くなりましたね」

「お休みだったので子どもに『いってらっしゃい』、『おかえりなさい』が言えた」

「娘の塾帰りに同行、娘から世界史の楽しさを教えてもらいました」

「夜お風呂に入っていたら、鈴虫の合唱が聞こえたこと。秋の始まりを感じながら、幼い頃亡き母が鈴虫を飼ってくれて、家中によい音色が響いていたことを思い出しました」

たくさんのよいこと、感謝に気づくことができるために、今ここにいることが大切です。

たとえば、余命2週間だとしたら何を一番後悔するでしょうか？

オーストラリアで看護師をしていたブロニー・ウェアが「死ぬ瞬間の5つの後悔」という本に次

のことを書いています。

①人の期待に応える人生でなく、自分に正直に生きる勇気が欲しかった。
②あんなに働かなければよかった
③勇気を出して自分の気持ちを伝えればよかった
④友だちと付き合い続ければよかった
⑤自分が幸せになるのを許せばよかった

この５つで後悔する人が多いそうです。人の期待に応えるだけの人生を送っていませんか？　自分を犠牲にしていませんか？　人生に自己犠牲は必要ありません。自己犠牲と感じて嫌々やっているのでしたら、きっと後悔することになるでしょう。自分に正直に生きていないと、自分を不幸にして、相手も不幸にすることになります。同じ行為でも自己犠牲でなく、喜びとしてやっているのでしたら自分も相手も幸せになります。

そして、たしかに、死ぬ間際に、「もっと早く会社に行って仕事をすればよかった」、「週末も夜も仕事をすればよかった」と思う人はいないはずです。仕事の時間の一部を、誰かに親切にする時間に変えませんか。幸せな人は、人に親切です。人に親切をすることが大好きで、そのことで自分も笑顔になっています。幸せに不可欠なのは、思いやりの心を持って人に親切にすることだとわかっているのです。見返りを求めずに、ただ相手のためを思う気持ちで親切にしているときに最高の幸せを感じているのです。

●１人の人間の幸福は周囲の人たちに伝染する力を持っている

３つのよかったことファシリテーターが、抗がん剤治療が終わったけれど、未来の不安を抱えている天田美保子さんをサポートした話です。天田美保子さんに希望をプレゼントするために、ファシリテーターは温泉旅行に行く計画を立てました。それまで天田美保子さんはガン治療で入院していたので体力がありませんでした。しかし、〝温泉旅行に仲間と行く！〟と決めてから、未来に希望を持てるようになったのです。

毎日、天田美保子さんは少しずつ散歩することから始めました。天田美保子さんと３つのよかったことを一緒に書いている仲間たちも応援しました。そして、温泉に一緒に行くことができました。温泉旅館で会った最初の近況報告のときから、天田美保子さんや仲間たちの目に涙がにじんでいました。幸せの涙です。

マサチューセッツ大学の研究資料があります。たとえば、近しい友人が幸福だったとすると、自分の幸福度はおよそ15％上昇します。知人の知人が幸福だった場合でも、自分の幸福度は８％ほど上昇します。あなたの友人が幸福なら、あなたも幸福である確率が高くなります。幸福は伝染するのです。

幸福な人同士は、お互いに支えることも支えてもらうこともできます。仲間の幸福であなたも幸福になれます。幸福の絆の上昇スパイラルを感じることができるでしょう。

まず、あなた自身が幸福になり、あなたの周囲が幸福になれば、それが広がって行くのです。

【温泉旅行の仲間たち】

●よかったことは自分を褒めるストローク

心理学にストロークという言葉があります。ストロークとは、言語（言葉）、非言語（態度やしぐさ）にかかわらず、存在を認める行為をいいます。

ストロークには肯定的ストロークと否定的ストロークがあります。肯定的ストロークは人間関係を良好に保つものです。当人にとっては心の栄養にもなるのです。

たとえば、３つのよかったことを書くことは、言葉で自分に言っているのと同じ効果がある肯定的ストロークです。自分に対して肯定的な心の動きを生み出します。自分の存在が認められていると感じるのです。ストロークを受けると心に栄養が与えられます。よかったことで自分の心に栄養を入れることができるのです。

そして、よかったことを考えると、心が笑顔になれます。笑顔もストロークです。心が笑顔だとうれしいという感情が湧いてきます。３つのよかったことを書くときの自分に対するストロークが生み出すものは、自信・安心感・信頼感・幸福感です。

●よかったことは自分を笑顔にする

よかったことを書いていると笑顔になります。笑顔になると自分の心を前向きにします。笑顔は自分の体を元気にしてくれます。

①心が表情に伝染する

よかったことを書くと、心が笑顔になり表情も笑顔になります。心が反射するのです。また、笑顔は温かくて明るい気持ちを自分に伝えてくれます。自分の心が怒りを感じていると、表情も怒りを感じたものになります。

自分が笑顔になると、自分のまわりの人にも笑顔が伝染して笑顔になります。相手の笑顔を見ていると自分も笑顔になります。

②自分の心を前向きにする

毎日生きていると、うまく行かないことも多々あります。そのときに気持ちをリセットする方法として笑顔があります。よかったことを振り返り、自分の気持ちをリセットすることができます。たとえば、笑顔とともに「がんばったね」、「素敵な１日だった」と思い出してみましょう。気持ちが一新されて、前向きになれるはずです。

③自分の体を元気にする

笑顔には体を元気にするという効果もあります。笑顔は心を活き活きとさせてくれるので、体も活性化されるのです。健康で元気に毎日過ごす秘訣になります。笑顔は長生きや若返りの効果もあります。

３つのよかったことを書いていると、心が笑顔になり表情がにこやかになります。毎日、心がリフレッシュします。心も体も健康になるのです。

他にも、笑顔になっているとこんなよいことがあります。

【笑顔になることのいい効果】

話しかけやすい、楽しくなる、血行がよくなる、よい印象を与える、幸せな気持ちになる、相手を幸せにする、気持ちが上がる、長生きできる、食べ物がおいしくなる、人間関係がよくなる、プレゼントされることが多くなる、心があったかそうに見られる、場をなごませる、安心させる、褒められる、まわりを明るくする、信頼が生まれる、元気になる、会話がスムーズに進む、勇気をもらえる、仕事を紹介される、プロポーズされやすい、美人になる、カッコよく見られる、若々しく見られる、存在を受け入れられたと感じられる、痛みが和らぐ、想像力が豊かになる、評価される、ストレスが軽減する、などです。

3　人生に幸運を引き寄せるワケ

●オキシトシン効果で幸せになれる

３つのよかったことを書いていると、幸せホルモンが出てきます。

幸せホルモンとは、脳内ホルモンの中でも、分泌されると心と体に心地良さを感じるもののことをいいます。イライラを抑えてくれる「セロトニン」、快感を得ることができる「ドーパミン」、そして、心を落ち着かせてくれる「オキシトシン」の３つです。この中のオキシトシン効果で、３つのよかったことを書いていると幸せになれるのです。

次のようなオキシトシンを出す行動があります。

①関係を大切にしたい人と一緒に食事・スポーツをする

大切な人と一緒に食事をすることは、オキシトシンを増やす行動です。大切にしたい家族、尊敬している人、関係を大事にしたい友人などと一緒に食事をする。夜はお酒を飲む。休日はスポーツする。すると、オキシトシンが増えていきます。

②出会う人たちに親切にする

オキシトシンは、相手に思いやりを持ち親切な行動をすると増えるといわれています。人を思いやり、人に親切な行動を心がけると出てきます。たとえば、電車の中で席を譲ったりすると相手も喜びますが、自分自身も心がさわやかでいい気持ちになるのはオキシトシン効果なのです。

③握手などのスキンシップを行う

オキシトシンは、スキンシップでも増えます。コミュニケーションの1つとして、握手や、背中をさすることでスキンシップができます。

④人を（自分を）褒める

人を褒めることでも、オキシトシンを増やすことができるといわれています。家族、友人などに対して、積極的に褒めるようにしてみましょう。

３つのよかったことを書くと、大切な人と一緒に食事をしたり、楽しく過ごしたことを思い出します。誰かに親切にして感謝されたことを思い出します。家族や友人たちとのスキンシップを思い出します。そして、よかったことを書くと自分の人生を讃えているので、自分自身を褒めていることになります。だから、脳内ホルモンのオキシトシンが出てくるのです。よかったことを書いていると心が癒されるのは、オキシトシン効果なのです。

心がざわついて、イライラしているときでも、毎日のよかったことの振り返りをすると、オキシトシン効果でイライラがなくなり心が安定してきます。幸せ感が出てくるのです。

幸せ感が出てくると、創造力が高まります。創造的な仕事をうまくいかせたい人は、３つのよかったことを書いて、オキシトシン効果を働かせましょう。人との温かい交わりで出てくるオキシトシン効果は、仕事だけでなくもプライベートでも幸せを感じさせてくれます。

３つのよかったことを書き続けていたら家族との関係がよくなったという声が数多く出ています。

●よかったことは当たり前の自分になる

言葉にして思っていると願いが実現すると言われています。これは正しくは、意識しているか無意識かに関係なく心の中で思っていることが実現するということです。

たとえば、お金持ちになりたいと願っているとします。しかし、心の中で思っている状態は、お金がないという状態です。お金がないと思っているから、お金がない状態が実現しているのです。

また、「私はツイている」という言葉を、繰り返し唱えていてもそうならないのは、逆のことを心の中で思っている自分がいるからです。むしろ、このような言葉を繰り返し唱えることは、逆効果です。

たとえば、あなたは毎日、私は息ができていると思っているでしょうか？　そんなことをわざわざ思っている人はいません。そんなことは当たり前と思っているからです。

ではどうすればいいのか？　なりたい自分になるためには、心の状態をどのようなことも受け入れる状態にしておくことです。

その役に立つのが３つのよかったことです。よかったこと思考で心が満たされていると、どのようなことも当たり前のように行動しているのです。

たとえば、大リーグで活躍している大谷選手はピッチャーとバッターで活躍する二刀流を特別なことをしているとは思っていないのです。ムリ、できない、難しいとは一切思っていないでしょう。大谷選手にとって二刀流は当たり前だと思って行動しているから、二刀流が実現しているのです。

ここで大谷選手の語録を紹介します。

「成功するとか失敗するとか僕には関係ない。それをやってみることのほうが大事」

こんな思いでいるから大リーグで活躍できているのです。

●共感して力を合わせて生きていく人が幸せになれる人

３つのよかったことを書いていると、共感力が高まります。自分の感情に向き合い、相手のよかったことをよかったと共感できるからです。他人にすぐに嫌われる方法は正論を強い口調で言うことです。

人が求めることとは正論より共感なのです。人に嫌われる人の特徴の1つとして、自分の意見を正義だと思い強く主張しています。そんな人からは、まわりの人たちが離れていきます。逆に言葉は少ないけれど相手のことを想い、歩み寄る姿勢を持ち共感できる人は、他の人から信頼されます。

自分の意見を持つことは必要ですが、相手にも意見があります。お互いに尊重することが大切です。もし今、あなたのまわりの人があなたを遠ざけているとしたら、このことが原因かもしれません。

人は1人では生きていくことはできません。共感して力を合わせて生きていく人が幸せになれる人です。
共感の大切さがわかる〝聞いて〟という詩があります。
出典は「ゴードン博士の人間関係をよくする本」（トマス・ゴードン著　近藤千恵訳）です。

「聞いて」

私があなたに　聞いてと頼んだのに
あなたがアドバイスを口にしはじめると
あなたは私のお願いしたことをしていないの。
私があなたに　聞いてと頼んだのに
あなたが　私がそんな気持ちになる必要はないと　説明しはじめると
あなたは　私の気持ちを踏みにじっているの。
私があなたに　聞いてと頼んだのに
あなたが　私の問題を解決するために
何かしなければならないと思ってしまうと
あなたは　私を裏切るの。
変に聞こえるかもしれないけど。
聞いて！

私がお願いしているのは　あなたが聞くこと。
話すことでなく　することでなく　ただ
私の話に耳をかたむけて。
それに私は　自分のことは自分でできるの
私は無力ではないんですもの
私は失望しているかもしれない
足元が安定していないかもしれない
でも、無力ではないのです。
あなたが私に何かをしてくれて
それが私が自分でできることだったら
あなたは私の恐れと不全感をつくっていくのです。
でも　あなたが　それがどれほど理屈に合わなくても
私の感じていること　私が感じているという事実を受け入れると
私はあなたに理解させようとする努力をやめ
この理屈に合わない感情の背後には何があるのかを
理解する仕事に向かうことができるのです。
だから　どうぞ聞いて

私の話に　耳を貸してください
もし　話したくなったら　少し待って　自分の番まで……
そしたら私があなたの話を聴きますね。

●人がうれしい4つのこと

あなたは誰からも褒められてもいないかもしれません。感謝されていないかもしれません。

しかし、3つのよかったことを味わっていると、自分自身で人生の起こっていることや状態を褒めて感謝していることになります。うれしかったことの事例があります。

「気になっていたパン屋さんでメロンパンを買った」（↓おいしいメロンパンを買えてよかった。私は幸せ）、「ナポリタンをつくったら家族に好評で、また、食べたいと言ってくれた」（↓ナポリタンをつくったら家族に好評で、また、食べたいと言ってくれた。私はうれしい！）、このように自分に感激の言葉のプレゼントをしているのです。

また、自分のご両親や家族のよかったことを書くと、その人のことを大切にしている気持ちに気づくことができます。「母親の70歳の古希の誕生日お祝いをすることができた」（↓長生きしてくれてうれしい。お母さんありがとう）、「東京で一人暮らしをする大学生の息子にトイレットペーパーを持参したら喜んでくれた」（↓いつまでも甘えてくれる素直な息子がいてうれしい）

3つのよかったことを書く時間を取ると、書いている自分自身の自己肯定感が向上します。そして、自分が職場や家族から多くの愛情を受けていると気づくことができます。そこから、今の自分があるのはまわりの人たちのおかげだと感謝する気持ちが芽生えてきます。自分を支えてくれている人たちへの感謝の気持ちは、生きる活力につながるのです。

「働く幸せ」（大山康弘著）という本に、人がうれしい４つのことが書いてありました。①人から愛されること、②人から褒められること、③人の役に立つこと、④人から必要とされることの４つです。

３つのよかったことを書いていると、これら４つのことを体験できるのです。

●自分を愛する人が他の人も愛せる人

聖書では〝隣人を自分のように愛しなさい〟と書かれています。

本田哲郎神父の著書「釜ケ崎と福音」に、その深い意味が書いてありました。

隣人愛とは、「身近な人を愛しなさいということではなく、協力を必要としている人の隣人にあなたがなって、その人を大切にしなさい」という意味です。聖書の教え全体の要約といわれる行為です。

私たちがふつう愛という言葉を使うとき、イメージしているのはギリシャ語のエロスです。家族の愛や夫婦の愛、恋人同士の愛、あるいは親が子どもを、子どもが親を愛すること、それらをすべて含むのがエロスの愛です。

それに対して、家族と同じとまではいかないけれども、友達として好ましく思う気持ち、信頼によって引き合うエネルギーもあります。これをギリシャ語ではフィリアといって区別します。好きな仲間、友情という意味があります。

聖書に出てくる愛と訳しているギリシャ語は、エロスでもなければ、フィリアでもありません。アガペーです。そのアガペーは何かといえば、大切にするということです。隣人を愛しなさいというのは、自分自身が大切なように、隣人を大切にしなさいという意味なのです。

自己肯定感が低い人に欠けているのは、このアガペーの愛なのです。自分自身を大切にする、愛することができるようになると、相手も大切にするちょっとした思いやりの言動ができるようになります。

３つのよかったことを味わう時間を持つことは、自分自身を愛することになります。愛とは大切に思うことです。あなたが、一番大切にしないとならない人は自分自身です。自分を大切にできない人は、他の人を大切にできないからです。３つのよかったことで満たされた自分をいつくしみながら、自分という存在を大切にする時間があなたの人生に幸せをもたらします。

そして、自分を愛する時間をたっぷりと取ると、自己肯定感がアップします。自己肯定感が幸せ感を得るために欠かせません。「自分なんかダメだ、自分なんかいないほうがいい」と思ったことはありませんか。こんな思いを持たなくするために、３つのよかったことを書いてよかったことを楽しみ喜ぶ時間を取るのです。

人は相反する思いを同時に持つことはできません。よかったことだけに集中すると、悪かったことがいつの間にか小さくなり消えていきます。「自分の人生は捨てたものではない。幸せな人生だ」と思えるようになります。そして、未来もいい人生だと楽観的になるのです。

●3つのよかったことは自己肯定感の向上と幸福な人生の実現メソッド

3つのよかったことを書くと自己肯定感が高まります。よかったことにあふれている自分に気づくからです。自己肯定感が高まることで、自分を愛し、自信を持ち、ポジティブなエネルギーを放つことができるようになるのです。

そして、自己肯定感の向上によって、あなたは自分の可能性を信じるようになります。人間関係や仕事においても積極的になり、成功への道を切り拓くことができます。自分の強みや魅力を見出し、自信を持って行動できるようになるのです。

また、3つのよかったことは、あなたの内面にポジティブな変化をもたらします。よかったことにあふれている自分を認める、自分自身に対する優しさや愛情が芽生えます。ネガティブな自己評価や批判的な声にとらわれることなく、自分を受け入れ、自分を肯定することができるようになるのです。

さらに、3つのよかったことは周囲の人々との関係を豊かにします。よいところを見る習慣は、他者を見るときにも発揮されます。他者のよいところを見ることで、相手を尊重し思いやりの心を持つことができます。相手もあなたから出てくる肯定的な言葉に触れることで、心が温かくなり、絆が深まります。よりよい人間関係を築くことができるのです。

３つのよかったことは、自己肯定感を上げるための鍵となるメソッドです。自分自身を愛し、他の人を支え、ポジティブなエネルギーで満ちあふれた人生を歩めるようになります。３つのよかったことがあなたの人生に、明るい変化をもたらすのです。

この効果は、あなたの日常生活に広がります。たとえば、家庭では家族との関係が円満になり、家族と笑顔で過ごすようになります。そして、褒め言葉を交わすことで、家族の絆が深まり、相互の成長や幸福感を共有できます。

仕事においても、大きな影響を与えます。自己肯定感が高まることで、自信を持って業務に取り組むことができます。また、他の人を褒めることで、チームの結束力や協力関係が強化され、より生産的な環境が生まれるのです。仕事とプライベートの両面で幸せを感じることができるのです。

さらに、自己肯定感が高まると、自分の目標や夢に向かって進む自己成長の道が拓けます。自分を愛し、自分に対して褒め言葉をかけることで、幸福感を育み充実した人生を送ることができるでしょう。

３つのよかったことは、自己肯定感の向上と幸福な人生の実現をサポートするパワフルなメソッドです。あなたが毎日のよかったことを書いて、自己肯定感を高め自分の人生のよかったことやまわりの人のよかったことに気づくことで、家庭や仕事、個人の成長の場で素晴らしい変化を起こすことができるのです。

第2章　幸運を引き寄せる3つのよかったこと作成ガイド

1　よい言葉が幸運を引き寄せる

●なぜ3つに絞って書くのか

なぜよかったこと3つに絞って書くのかというと、ほんのわずかな時間で簡単に書けるので継続しやすいからです。継続すればするほど効果は大きくなります。毎日の少しずつの積み重ねで、心の習慣を変えることができます。そして、潜在意識の思考を変えることができます。

できるだけ多いほうがいいと頑張って、1日に5個以上のよかったことを書いて継続しようとする人もいるかもしれません。しかし、これは長続きしません。書くのが苦痛になってしまいます。

よかったことを書くときには、楽しく書くという心の状態も大切なのです。笑顔で「今日はどんなよいことがあったかな」と探せる状態でないとなりません。5個以上になると、苦しい表情で悩みながらひねり出すことになるでしょう。これは逆効果です。

毎日、3つのよかったことを笑顔で思い出しながら言葉にして、それを味わうために3つに絞っているのです。

●なぜ毎日書くのか

よいことがあったらすぐに褒める。これが褒める効果を高める方法です。後で、よかったことを思い出そうとしても思い出せないかもしれません。記憶に残っていないからです。

　ドイツの心理学者エビングハウスが導き出した理論で、時間が経過するにつれて記憶はどのように変化していくかを研究したエビングハウスの忘却曲線があります。それによると、24時間経つと記憶の7割以上を忘れているそうです。翌日になったら前日のことの大半を覚えていないのは、科学的にも証明されているのです。だから、その日のうちに振り返りをするのです。毎日、その日のことを思い出してみることが必要なのです。

　そして、1日の終わりに結果だけを見ていませんか？　幸福感を高めるためには、プロセスを見てあげることも大切なのです。プロセスを見ると、よかったことがたくさんあると気づくことができます。「けっこうがんばっているよね」、「やさしいよね」、「偉いなぁ」などと感じながら思い出すと、自分を褒めることがたくさんあると気づけるのです。

　毎日書いていると、心がきれいになる感覚、落ち着く感覚を手に入れることができます。宇宙から応援されるためには、一定の前進を続けていくことです。非常にゆっくりでかまいません。でも確実に前進していると、ある日突然、信じられないような成果を引き寄せてくるのです。

●よかったことを書くときの3つのルール

　3つのよかったことは、よかったことだけに焦点をあてます。悪かったこと、愚痴、不満は書かないのが鉄則です。1日のできごとを振り返る日記ではありません。よかったことだけを言語化するのです。

そのために、「今日のよかったことは何かな」と自分に問いかけながら見つけるのです。

このような問いかけをしないで1日を振り返ると、よくないこと、うまくいかなかったことが思い出されます。人の脳の無意識な働きだけれど、悪いことのほうに焦点を当ててしまうのです。


【よかったことを書くときの3つのルール】

①よかったことだけに焦点をあてて書く
②よかったことの文章にはマイナスの表現の言葉を入れない
③書いた後に十分に味わう

①よかったことだけに焦点を当てて書く

よかったことだけに焦点を当てて考えると、2つ目まではすぐに出てくるけれど、3つ目はなかなか出てこないケースもあります。そのときは、集中して「よかったことは何かな」と思い出して3つ目を書くようにしましょう。脳が一生懸命よかったことを探してくれるからです。その時間を大切にしてください。

意外なところによかったと思っている自分がいることに気づくケースがあります。新しい自分に出会える楽しみが出てきます。

②よかったことの文章にはマイナスの表現の言葉を入れない

長年の思考習慣で、文章の最初に苦労したこと、嫌だったことを書く人がいます。

たとえば、「今日は仕事で疲れたけれど、家に帰ったら休むことができてよかった」、「今日は会社でトラブルがあって大変だったけれど、話を聞いてくれる友人がいて気持ちが楽になった」という書き方をする人がいます。

３つのよかったことでは、いっさいマイナスの表現の言葉は使わないほうがよい感情を引き寄せる効果が大きくなります。マイナスの表現の言葉は、多少なりともマイナスの状態がイメージされてしまうからです。

「仕事で疲れた」という言葉を使うと、１日の終わりに仕事で疲れた自分の姿をイメージしてしまいます。後で「休むことができた」と言葉にしても、マイナスの心の状態がやっとプラスマイナスゼロになった状態です。３つのよかったことは、心をプラスにすることに重きを置きます。だから、いっさい、マイナスの表現の言葉は使わないほうがよいのです。

先の文章を書き直すと、「ゆったりと過ごせる家があって休むことができてよかった」、「仕事の話を聞いてくれる友人がいてよかった」このように文章を直すと、マイナスをいっさい感じないので、心の状態が大きくプラスになります。

また、プラスの表現の文章で始まってマイナスの表現の文章でオチをつけるクセのある人もいます。たとえば、「健康診断を受診できてよかった。結果は悪いかもしれませんが」、「忘年会のくじ引きで商品券が当たったので妻にプレゼントしました。有意義に使ってくれるかどうかわかりませんが」などです。

思考のクセが出ています。これらもこのように書き換えるといいでしょう。

「健康診断を受診できてよかった。健康で仕事ができていることに感謝します」、「忘年会のくじ引きで商品券が当たったので妻にプレゼントしました。喜んでもらえてよかったです」

人は言葉で考えます。話す言葉、文章にする言葉に気持ちも左右されます。

幸運を引き寄せる人は、言葉の持つ感情が心地よいかを確かめながら使っています。言葉のクセに細心の注意を払っています。

③書いた後に味わう

3つのよかったことを書くだけで満足する人がいます。それだけだともったいないです。書いたものを味わう時間を取りましょう。ほんの少しの時間でもよいので、五感を使って味わうのです。

「仕事の話を聞いてくれる友人がいてよかった」と書いたなら、話を聞いてくれる友人の言葉や思いやりの心を感じるのです。これまでのその友人とのやりとりを思いめぐらす時間を取るのです。すると、感謝の気持ちが湧いてくるでしょう。

書くことだけで終わらせないで、味わう時間を取るのが３つのよかったことの効果を高めるコツです。幸運な引き寄せや奇跡的なことを起こすために欠かせないのが、ゆったりと味わう時間です。

たとえば、あなたは食事を味わっていますか？　いつも次のスケジュールを考えながら朝食を取っていませんか？　昼食は仕事のやるべきことを考えながら食べていませんか？　これでは、目の前の食事を味わっていません。食材がどうやって集まって来ているのかを想像するだけでも、奇跡的なことだとわかるはずです。それを味わって食べると感謝にあふれてくるはずです。

そして、いっしょに食事をする人が目の前にいるのに、頭の中で仕事のことを考えていませんか？　これは、その人のことを大切に思っていないことになります。いつも仕事の成果を高めることだけを考えて生きていませんか？　何のために仕事の成果を高めるのでしょうか？　それはまわりの人を幸せにして、自分も幸せになりたいからではありませんか？　そう思っているのなら、まず、目の前の食事を感謝しながら食べる。そして、目の前の人との食事を楽しむ。そんな味わう人生に変えてみませんか？　すると、他の五感も磨かれて味わう人生に変わっていきます。

感情を味わい、豊かな感情に満ちあふれた心の土壌づくりをして引き寄せ体質をつくっていきましょう。

●いい感情がいいできごとを引き寄せる

３つのよかったことはよかったことを言語化して、いい感情をはぐくんで育てていく手法です。

いい感情になっていると、その感情に引き寄せられていいものがあなたのところにやってきます。いいものとは、具体的な物かもしれません。素敵な人との出会いかもしれません。幸運かもしれません。

いい感情のあなたは、表情や言葉遣いがとてもおだやかで相手に受け取りやすい状態をつくっています。すると、すてきなセレンディピティー（幸せな偶然）もやって来るのです。いい感情を持って、よかったことにフォーカスすると、さらにそれが拡大していくのです。

よかったことを書いていても最初は引き寄せる力がそれほど大きくはありません。ところが、継続してやり続けていると、よかったことに気づき味わう力が大きくなっていきます。それにともなって、よかったことを引き寄せる力も大きくなっていくのです。

繰り返して考えていることは現実化するという法則があります。よかったことを繰り返して書いていると、よかったことに満ちあふれた人生が現実化するのです。

●2つの引き寄せと引き寄せの種類

引き寄せの力には、私たちの現実を変化させ、新しい経験や機会を私たちにもたらす2つの主要な仕組みが存在します。これらの仕組みを理解することは、引き寄せのプロセスを最大限に活用する鍵となります。

・気づきの引き寄せ

引き寄せには2つの仕組みがあります。1つは、これまで存在していたのだけれど、自分が見逃していたものに気づいて引き寄せているケースです。たとえば、初めて子どもが産まれる人は、ベビー用品に目が行くようになります。ベビーベッド、ベビーカー、ベビー用おもちゃ、おくるみ、ベビー用おむつ、ベビーミルクなどです。

これまで、存在していたのだけれど、見ようとしていなかったので、こんなにもたくさんの種類があることに気づいていなかったのです。意識して見ようとしたら、情報も含めて、どんどん引き寄せて来るのです。まるで強力な磁石がどんどん引き寄せてくる感覚です。

・セレンディピティーとしての引き寄せ

もう1つの仕組みは、まったく予想していなかったことが飛び込んでくるケースです。時には偶然と思えるようなできごとや機会が私たちのまわりに現れます。この仕組みでは、無意識の力やアカシックレコードという概念が引き寄せのプロセスに影響を与えることがあります。

アカシックレコードとは、宇宙に存在するすべての情報が記録された巨大なデータベースのようなものです。過去、現在、未来を含む膨大な情報が保存されており、これは「宇宙の図書館」とも表現されています。時折、私たちの無意識や直感が、このアカシックレコードから重要なメッセージを引き寄せてくれるのです。

引き寄せはさまざまな形で現れ、私たちの人生にさまざまな要素をもたらします。

次に、引き寄せの主要な種類を示します。

・アイデアの引き寄せ

ソース（源）や宇宙の叡智とのつながりを感じると、最高のクリエイティビティーが湧き上がります。素晴らしいアイデアが私たちの心に浮かび、新しいプロジェクトやビジョンを形成するのは、高次の存在からのインスピレーションによるものです。

ベストセラー作家が執筆に集中しているとアイデアが降りてきて魅力的な本を生み出すのも、この引き寄せの一例です。

・情報の引き寄せ

私たちの思考や意図に従って、関連する情報が私たちのまわりに集まってきます。たとえば、私たちが人生によいことがたくさんあると信じるなら、それに関連する情報が私たちに引き寄せられます。

この仕組みを活用することで、私たちはポジティブな情報環境を築き、よりよい未来を引き寄せるのです。

・肯定的な思考の引き寄せ

よいことや幸福なできごとに焦点を当て、それに関連する状況や機会を引き寄せます。私たちの思考が肯定的で楽観的であれば、それが私たちの運命をも変える要因となります。思考が変われば、運命も変わるのです。

・愛の引き寄せ

私たちの波動が高まると、ソウルメイトや真の愛を引き寄せることがあります。波動が同調し、魂のつながりがある相手が現れ、私たちの人生に幸福をもたらしてくれます。

・お金や物の引き寄せ

宇宙の富は無限であり、私たちが必要なお金や物を引き寄せることがあります。私たちの必要性や欲望に合致する富が、私たちに供給されるのです。

・感謝の引き寄せ

感謝の循環が生まれ、私たちの感謝がさらなる感謝を引き寄せます。感謝は感謝を呼び寄せ、豊かな関係と状況を築く手助けをします。

・幸運の引き寄せ

心が清らかで穏やかな状態にあると、幸運が引き寄せられます。幸運は清らかな心が放つエネルギーを受け取り、私たちに訪れるのです。

・天職の引き寄せ

心が癒され、調和にある状態にあると、自分の使命や天職に気づきます。この気づきが、私たちの天職を引き寄せる一歩となります。

・キーマンの引き寄せ

私たちの人生に幸福をもたらすキーマンを引き寄せることがあります。しかし、どの人が幸福をもたらすキーマンなのかを見極めることは、時に試練を伴うこともあります。

本書では、３つのよかったことを書くことで、引き寄せの力を活用し、奇跡のようなできごとを引き寄せる方法を探求しています。私たちが肯定的な思考と感謝の心を持ち、宇宙とのつながりを信じる限り、引き寄せのプロセスは私たちの人生を豊かにし、幸福をもたらしてくれることでしょう。

2　よかったことが簡単に見つかる方法

●よかったことが簡単に見つかる細分化質問法

今日のよかったことは何かなという質問だと、なかなか見つからないという人は、細分化して質問すると見つかりやすくなります。次のような質問です。


「今日の〝仕事で〟よかったことは何かな」

「今日の〝プライベートで〟よかったことは何かな」

「今日の〝妻（夫）との関係〟でよかったことは何かな」

「今日の〝子どもとの関係〟でよかったことは何かな」

「今日の〝気づきや学びで〟よかったことは何かな」

「今日の〝人とのつながりで〟よかったことは何かな」と、
細分化した質問にすると答えが出やすくなります。

そして、これを応用すると、人生全体のよかったことの質問に変えることができます。

「自分の人生の中で、夫婦の関係で愛を感じてよかったことは何かな」

「自分の人生の中で、資産・お金との関係でよかったことは何かな」

「自分の人生の中で、仕事でよかったことは何かな」

「自分の人生の中で、趣味のよかったことは何かな」

「自分の人生の中で、体験できてよかったことは何かな」

「自分の人生の中で、自分の人格の中でよかったことは何かな」

「自分の人生の中で、教養面でよかったことは何かな」

「自分の人生の中で、健康面でよかったことは何かな」

毎日の３つのよかったことを書くのに慣れてきたら、人生全体についてよかったことを考える時間を取ると、自分自身の人生の幸せ感が向上します。

●よかったことのハードルを下げる

３つのよかったことは、小さなよかったことを書いてもいいのです。それを喜んでいいのです。

３つのよかったことをＦＢグループで毎日書いています。

すると、参加メンバーの中に、小さなことだから書いてはいけないという独自のルールで縛られている人がいることがわかります。こんなことでよかったと喜んではいけないという禁止令が働いているのです。よかったことのハードルを上げ過ぎているのです。そうなれば、よかったことのない人生、喜びのない人生、笑顔のない人生になるでしょう。

どんな人にその傾向が多いかというと、優秀なサラリーマンだった人です。よかったことは、大きな成果を書かなければならないという思い込みがあるのです。そんな人は、業務日報のような喜びや楽しみの感情のない事実だけの3つのよかったことを書いています。

3つのよかったことを書いていて、幸せ感をまわりに伝えている人は、小さなよかったことでも大きく喜んでいます。満面の笑顔になっています。よかったことのハードルがとても低いのです。よかったことのハードルが低いので、他の人のよかったことも、「すごいね！　よかったね！」と心から喜んでいます。それをコメントで返しているので、よかったことの連鎖が起こっているのです。

相手を応援すると、自分のことも応援してもらえるという効果があります。また、相手のよかったことの喜びを自分のことのように味わえる効果もあるのです。

まずは、小さなこと、些細なことでも喜んでもいいと自分のハードルを下げてみましょう。小さなことでよかったと喜んでいいと自分に許しを出しましょう。そして、他の人が小さなことで喜んでいることに共感してみましょう。他の人の小さなよかったことに共感できると、〝このような小さなことで自分自身も喜んでいいんだ〟と自分に許しを出すことができるようになるからです。

ここである主婦の方の感想を紹介します。

「最初、私はそんなに変化のない日常の中で３つもよいことなんてあるのかなぁ～なんて思いながら、３つのよかったことを書くグループに参加させてもらいました。今まで普通に日々やっていた掃除や洗濯や買い物や料理などもよいことに入れていいんだ、と知ってから、考え方次第で普通の日常が素晴らしい１日になるということを知りました。どんなことでもプラス思考で物事を考えるだけでいろいろなことがスペシャルになることを実感しました。１日終わって振り返ってみることで、今日も充実していた１日だったと思うことができます。そういう日々を過ごしていると自分のモチベーションが上がっていることにも気づかされました」

●よかったこと探し10のポイント

３つのよかったことを書くためには、どんなことがよかったのかに気づかないとなりません。他の人がよかったことを見つけているポイントを知ると簡単に気づけるようになります。

ＦＢグループでシェアされた約３万件のよかったことを分析して、見つけ出した10のよかったことのポイントがあります。

それは、自然の美しさ、自然の贈り物、食べ物の喜び、リフレッシュと癒し、家族の喜びと絆、小さな幸せ、人とのつながりとおもいやり、成功や成果への喜び、偶然の幸運とラッキーだったこと、心の充実と成長、以上の10のポイントです。

実際の事例でいくつかご紹介いたします。

【10のよかったことポイント】

1 【自然の美しさ】

きれいな富士山が顔を出してくれたこと
天気がよくなり青空が見られたこと
今季はじめて蝉の声を聞いたこと。真夏が近いです
夕暮れの空、真っ青な空にすじ雲がきれいだったこと
お天気がよくて、空を見ていて気持ちよいこと

2 【自然の贈り物】

太陽のまぶしい朝、洗濯ができたこと
安く手に入ったとうもろこしを食べたこと
旬の桃を食べたこと
お天気がよかったので、何度も洗濯できたこと

3 【食べ物の喜び】

妻の用意してくれた蒸し野菜がおいしかったこと
夕飯は久しぶりに好物のピーマンの肉詰めだった。おいしかった
かつおのお刺身がおいしかったこと
ランチに食べた冷やし黒ゴマ坦々麺がおいしかったこと

昼にタコ焼きを買って来て長女と食べたこと
キャベツをたくさん使ってキャベツ焼きをつくって食べたこと
夫が揚げたヒレカツがおいしかったこと

4【リフレッシュと癒し】

ヘッドスパをやってもらって頭の疲れがバッチリとれたこと
妻がアロマタッチをやってくれたこと
オペラ歌手の友人のコンサートに行けたこと。感動して泣けました

5【家族の喜びと絆】

母の誕生日に電話して「誕生日おめでとう」と伝えたこと
おばあちゃんが大好きなシャインマスカットが果物屋さんで売っていたのでプレゼントしたこと
妻がお昼のお弁当をつくってくれたこと
妻が発酵スパイスカレーライスをつくってくれたこと
父にスマホで写メのやり方を教えたら、いろんな写真を撮っていました
娘がクマのマドレーヌをつくって、満足そうな写真が送られてきたこと
家族で七夕の願い事を書いたこと
娘の部屋越しにオンラインで友達と楽しそうに会話する様子が伝わってきたこと
朝起きて長男が「誕生日おめでとう、いつもありがとう」と言ってくれたこと

娘が、「朝ご飯がおいしかった」と言って笑顔で高校に行ったこと
娘と早起きをして早朝ドライブに出かけたこと
長女の就職先が決まったこと

6【小さな幸せ】

アイスクリームが安くなっていたこと
グラジオラスの花が綺麗に咲いたこと
庭で育てていたミニトマトの最後の収穫をしたこと
早朝出勤時、今日も途中で電車にぽっかり座れたこと
セルフのガソリンスタンドにもようやく慣れてきたこと
昼寝ができたこと
目玉焼きがきれいに焼けたこと
暑かったので洗濯物がすぐ乾いたこと

7【人とのつながりやおもいやり】

お隣のおばちゃんとたわいもない話をして笑ったこと
友人事務所の仕事のお手伝いに行ったこと。「助かる！」って言っていただきました
娘が大きなすいかをお土産に買ってきたこと
娘がつくったクッキーをたくさんもらったこと

８【成功や成果への喜び】

努力の結果、ファシリテーターとして褒められたこと
無料のコーヒーチケットをもらったこと
娘がつくった七夕ポスターが上手くできたこと
子どもたちが、それなりに「期末試験、模試で頑張ったよ」と報告してくれたこと

９【偶然の幸運、ラッキー】

美容室に行って髪を切り、さわやかな気持ちになったこと
予定が調整されて長時間の訪問がなくなったこと
早朝出勤時マンションの花が綺麗に咲いていることに気がついたこと
たまたま朝5時に起きたら、清々しい朝だったこと

10【心の充実と成長】

懐メロを聴いて感動したこと
娘が幼いころ通った小学校を見学できたこと
ラジオ体操で健康生活を感じたこと
３つのうれしかったことを見て、何気ない１日の幸せを実感できたこと

以上のように、10の項目に分類することができます。10のポイントで事例を分類することで、さ

まざまな幸せや喜びの要素が見えてきます。よかったことを3つ書いてくださいと言われても書けない人は、具体的にテーマを絞って問いかけするといいかもしれません。

私自身1年間で約3万件の3つのよかったことのデータを読んでいて、この10分類で、ほとんどのよかったことが網羅されることがわかりました。この10分類で分けて考えていくと、3つのうれしかったことを簡単に書くことができるようになります。

問いかけの事例を次に示します。これで問いかけをしてみてください。

【10分類の問いかけの事例】

「今日の自然の美しさでよかったことは何かな」
「今日の自然の贈り物でよかったことは何かな」
「今日の食べ物の喜びでよかったことは何かな」
「今日のリフレッシュと癒しでよかったことは何かな」
「今日の家族の喜びと絆でよかったことは何かな」
「今日の小さな幸せを感じたよかったことは何かな」
「今日の人とのつながりや思いやりを感じたよかったことは何かな」
「今日の成功や成果を感じたよかったことは何かな」
「今日の偶然の幸運、ラッキーだったことでよかったことは何かな」
「今日の心の充実と成長を感じたよかったことは何かな」

ふと出てきたよかったことをどれに分類するか迷うこともあると思います。そのケースはいずれでもよいのです。本来はよかったことの分類は必要ありません。分けて問いかけをすると気づきやすくなるから分類しているだけなのです。

大切なのは、よかったことを言語化して、喜びを心から感じるようになることです。

●「楽は苦の種、苦は楽の種」の呪縛を取ると生きるのが楽になる

３つのよかったことが書けない人の話を聞いて気づいたことが２つあります。

１つ目は努力したことでないとよかったと喜んではいけないという思いこみを持っていたことです。そのタイプの人は、時間を使って努力したことやがんばっていることを書いてきます。ほとんどは仕事中心の内容です。３つのうれしかったことでなく、３つのがんばったことを書いています。これだと楽しくないので長続きしません。努力していないことでも、がんばっていなくてもよかったこととして喜んでいいのです。

２つ目は自分自身が、何がよかったのか、うれしく思っているのかに気づいていない人がいることです。まわりに手本となる人がいなかったのかもしれません。楽しむ、喜ぶという感情をはぐくむ機会がなかったのかもしれません。人間には感情があるのだけれど、誰もが同じような感情の強度を持っているのではありません。しっかりとはぐくんできた人とそうでない人では大きな差があるのです。

いつもがんばって人生を歩んできた人は、楽しむ時間、喜ぶ時間を取ってこなかったのではないでしょうか。楽は苦の種、苦は楽の種ということわざがありますが、楽しむと苦しみがあるので、楽しんではいけないと思いこんでいるのかもしれません。このことわざの呪縛をとりませんか。たとえば、こんなことに喜んでいいのです。

・朝つくったたまごサラダがおいしかった
・娘と散歩した後、朝のコーヒーを飲めたことがうれしかった
・おやつにさくらんぼを食べておいしかった
・スーパーの催事でラッキョウのキムチを買ったら、海苔のキムチも付けてくれた
・お隣のおばあちゃんとすれ違ったのでご挨拶したところ、「奥さん何だか若返っていて気が付かなかったわ」と言われたこと
・娘が中学生のときに学校からもらったアサガオの種が、毎年花を咲かせています
・土砂降りの中、荷物運びで外に出たとき、ピタッと雨が止んでくれたこと
・下の孫が2歳になり、にこにこ笑顔が最高にかわいいこと
・夜、ベランダに出たら、お月さまが高いところに上がっていてきれいだったこと
・朝から息子のハナ唄を聞けたこと
・妻の笑顔がやさしかったこと
・孫が幼稚園で七夕の願い事が「大きくなりたい」と書いていたこと

- 今日も夜散歩で川沿いを歩いてきました。夜風が気持ちよかった
- 今日もポットに入れて持ってきたコーヒーに癒されていること
- 職場にクーラーが入っていて涼しかったこと
- 息子にＬＩＮＥで車でのお迎えを頼んだら、２秒で「はいー」と返事をくれた
- 猫達が私の帰宅時に玄関で待ってくれていた
- チームメンバーのＭちゃんがつくってきてくれた明太子のおにぎりがとてもおいしかった
- 乗り換えアプリのお陰で、電車の乗り間違えを回避できたこと
- お花の定期便が届きました。今回も綺麗な花で部屋が華やかになりました
- 朝食のたまご焼きを上手につくれたこと
- 夕方スーパーで買い物。財布の小銭と買い物の合計金額の端数が一致したこと
- 息子から２日後でＬＩＮＥの返信がきたこと
- 塾帰りの娘と一緒に帰宅できました
- 苗から育ててきたミニトマトが実り赤くなってきました
- ソファで娘とじゃれ合って遊んだこと
- 駅の乗り換えについて英語で聞かれ、路線図を指さしながら日本語で答えたら通じた
- 次男と小学校からの帰り道、電線に燕が３羽止まっていました
- 仕事終わり前に、前の上司が私の席にやってきて飲みに行くことになった

・定期テストが終わりハイテンションの娘
・髪を切ってイメチェンしたことに職場の仲間が若返ったと反応してくれた

3つのよかったことを楽しく書いていると、さらに楽しいことを引き寄せてきます。もし、書かないと苦しいことばかりの1日になるかもしれません。「楽は楽の種、苦は苦の種」が実際に起こっていることなのです。

3　3つのよかったこととの成長の5段階

●すぐに成果が出る人とそうでない人

3つのよかったことを書いていて、誰もがわかるような成果が出る人がいます。また、成果が全く出てこない人もいます。

その差は何かというと、心が感謝で満たされていて肯定語で言葉を考えて話す人には、すぐによい引き寄せがやってきます。よい引き寄せが欲しい人は、まず、感謝で満たされた心の土壌をつくり、肯定語で考えて話す習慣を持つことです。

ビジネスで起業して成功する人は、マネジメント能力がありリーダーシップも発揮できる人です。マネジメント能力がない人はマネジメントを学ばないとなりません。リーダーシップが発揮できない人は体験で学んでいかなければなりません。

同様に、３つのよかったことを書いていて成果が出ない人は、感謝で満たされた心の土壌をつくることから始めなければなりません。肯定語を学ぶところから始めないとなりません。この順番をわかっていると成果が出やすくなります。

これまで15万人以上に教えてきた体験ですが、どのようなノウハウ、知識を教えてもうまくいかない人がいます。本人のやる気や継続力だけでなく、その前段階の感謝で満たされた心の土壌ができているかどうか、肯定語で考えて話す習慣があるかどうかで、うまくいくかいかないかが決まっているのです。

●３つのよかったことには成長の５段階がある

３つのよかったことには成長の５段階があります。

①よかったことに気づかない
②よかったことに気づくけれど肯定語で言語化していないので喜びがない
③よかったことに気づいて言語化しているので喜びを感じる
④よかったことがどんどん見つかり、それを言語化しているので幸せ感にあふれている
⑤よかったことを自分でつくりだして、自分やまわりの人たちを幸せにしている

第1段階はよかったことに気づかない状態です。よかったことに気づかないので、よかったことがないのと同じ状態です。

第2段階になるとよかったことに気づくのだけれど、肯定語を使って言語化していないので、喜びを感じることができていない状態です。自分の人生に幸せ感を得られていない人は、第1段階と第2段階の人が大多数です。

愛と感謝と思いやりで満ちあふれた人生を送りたい人は、3つのよかったことの実践が最良の方法です。グループでおこなうと、モデルとなるような人を見つけられます。その人の言葉の使い方、感じ方を学ぶことができます。

第3段階は、毎日3つのよかったことを見つけて書いているので喜びを感じるようになります。継続していると、ある日、「本当によかったなぁ」と心から喜べるできごとが出てきます。これが第3段階に入ったサインです。第3段階に入ると喜びを感じるので、工夫をするようになります。たとえば、夜に書くのではなく、よかったことが見つかるたびに書くようになります。また、朝からこんなよいことがありそうだと予測して書くようになります。

第4段階になると、よかったことがどんどん見つかり、よかったことを幸せ感で味わうようになります。そして、よかったことの感情を充分に感じるので、感情を表現する文章が長くなってきます。幸せ感いっぱいの日々が続きます。

第5段階になると、よかったことを自分で積極的につくり出すようになります。自分から誰かを喜ばせるようなことやよかったことを行動しているのです。

たとえば、「妻の誕生日お祝いをする」、「電車でお年寄りに席をゆずる」、「母の日にプレゼントを贈って産んでくれてありがとうを伝える」、「いつもがんばっている夫に、やさしい言葉を伝える」、「家族旅行の計画をつくる」などです。

●３つのよかったことの５つの心理学的効果

①内部対話を否定語から肯定語にする

３つのよかったことは、内部対話（自己との対話）を肯定的な言葉に変えていきます。人は１日に６万語以上の内部対話を行っており、そのほとんどが否定的な内容と言われています。

毎日継続してよかったことを言語化する、よかったことを五感で味わうことで、肯定的な言葉が記憶とともに心身に浸透するようになります。すると、内部対話が否定語から肯定語に変わり、幸運を引き寄せる思考と行動をするようになります。

②「脳は人称を理解できない」効果の活用

３つのよかったことをグループで行っていると、グループの参加者のよかったことをまるで自分のことのように味わうことができます。よかったことの言葉のシャワーを浴びる環境をつくっていることになります。

人の脳は、相手が書いたよかったエピソードを、まるで自分が体験したように感じます。すると、心が温かくなり、楽しい気持ちになる特性を持っています。

③相手の価値観、自分の価値観を知る効果

3つのよかったことは何をよいと感じているのか自分の価値観がわかります。そして、相手のよかったことを読んで、自分がよかったと感じるものもあれば、自分はよかったと感じないケースもあります。

これにより、他の人との価値観の違いを理解できます。相手との価値観の違いを知り、相手を認めることができることで、よりよい対人関係を築くことができます。

④無意識にラポールをつくる

3つのよかったことをグループで行っていると、相手のよかったことをコメントで伝え合うことができます。相手に好感を持たれるためには、相手の話を理解し、相手のことを知ることが重要です。それに共感していることを伝えることも重要です。

よかったことを伝え合うことで、ラポール（信頼関係）をつくる体験ができます。

⑤よかったことを味わい、ともに成長できる

グループでの3つのよかったことを行う場は明るく楽しく、笑いや、賞賛など活動的な要素が取り入れられています。それぞれが主役となり、「気づき」や「学び」を通じてお互いの理解を深め、成長することができます。よりよい人間関係を構築することができます。

これらの特徴を持つ3つのよかったことは、内部対話の変革や肯定的な言葉の浸透、相手の価値観の理解、信頼関係の構築、楽しい学びの体験などを通じて、参加者がよりよい対人関係を築き、自己成長を促す最高の手法なのです。

第3章　人生に奇跡を起こす人だけが知っている目からウロコの活用法

1　効果的な書き方の工夫

●気づくたびに書く

毎日、1日の終わりに、その日に起きたよかったことを3つ書き出すのが基本のやり方だけれど、もっとワクワクできるやり方があります。

それは気づくたびに書くやり方です。

たとえば、「電車でおばあちゃんに席をゆずっている男性を見たので心が爽やかな気持ちになった」、「朝の散歩をしていたら登校中の小学生が石けりをしながら歩いていてかわいいと思った」。こんな気持ちになったとしたら、その場で携帯にメモをしておくのです。近くに人がいないときは、携帯の音声入力機能を使うと便利です。

よいことに気づくたびに書いていくと、次から次によいことが続いていく感覚を味わうことができます。そして、1日の終わりにその携帯メモを見ながら、3つのうれしかったことを選んでパソコンでまとめて記録するのです。

●あらかじめ朝に書いてしまう

3つのよかったことは夜に1日を振り返って書くだけでなく、朝に今日1日のよかったことを予測して書いてもいいのです。朝の一番さわやかな時間に、「今日はどんなよいことがありそうかな」と今日のスケジュールを考えて、最高によい1日をイメージするのです。

すると、よかったことが、まるで起こっているようにイメージできるはずです。それを今日のよかったこととして事前に３つ書いておくのです。夜にそれを振り返ってみると、そのとおりになっていることが多くて、その効果にびっくりするはずです。

ＦＢグループやＬＩＮＥグループに投稿している人は、朝に書いている文章を夜に確認して、投稿するといいでしょう。

私も朝の6時くらいに、今日のよかったことを書いているケースがあります。たとえば、「褒め言葉トランプボランティアセミナーを行いました。お子様連れの家族がたくさん来てくれました。子どもたちが笑顔で喜んでくれて、とってもうれしかった」と書いていたことがあります。

すると、そのとおりの1日になっていました。たくさんの「ありがとう」をいただいた幸せな1日になっていました。

●未来の大切な日のよかったことを書く

あなたにとって、とても大切な未来のある1日のよかったことをイメージして書くと、それが実現しやすくなります。未来に起こることを肯定的に予測するのです。イメージトレーニングをしている効果があります。

たとえば、1週間後に大切な講演会が決まっているとします。その日の3つのよかったことをイメージして書いておくのです。

「堂々とカッコよく笑顔で講演することができてよかった。80人の来場者からスタンディングオベーションの拍手をもらえて感動した。講演後の懇親会は笑顔と笑いがあふれ、講演先の責任者からリピート講演の依頼を受けた」

すると、未来を今、イメージで体験できます。体験できたら、それは過去になります。1週間後の講演会のときには、過去に体験できたことを行うので、書いているとおりの大成功の講演会になるのです。

この習慣ができると、よいことをまるで自分で引き寄せている感覚が身についてきます。

また、大切な人と会うことが決まっているのでしたら、その人とのよかったことを事前にイメージして書いておくと、そのとおりになります。事前にイメージトレーニングしているからです。

たとえば、褒めるのが苦手な人は、その人の顔を思い出しながら、その人にふさわしい褒め言葉は何かなと探しておいて、実際に褒めている場面をイメージするのです。その人のことをイメージすると、「たくましい」、「力強い」、「誠実」などの言葉が浮かんできます。相手がその褒め言葉を言われたときに笑顔になって喜んでいる場面もイメージしておくのです。

すると、実際に会ったときに、そのとおりの展開になっているはずです。〝褒め言葉イメージ成功法〟です。

●うまくいかなかった日にも書く

毎日の中では、３つのよかったことを書きたい気持ちにならないような１日もあるでしょう。そんな日こそ、あえて書いてみましょう。うまくいかなかった１日だと思うような日も、気持ちを切り替えて１日の終わりはプラスで終えることができるからです。

うまくいかない１日だったとしても、そこによかったことを見つけることができます。

たとえば、相手の一言で心が傷ついたとします。しかし、よく考えてみたら、それは相手が自分のことを思って言ってくれたと気づくこともあるでしょう。もしくは、そのことにより、自分の大切にしている価値観に気づけるかもしれません。うまくいかないことは何らかのサインのケースもあります。

「このことによって私はいったい何を学ぶことができるだろうか」と肯定的に考えると、あなた自身が次のステージに行くように後押しをしているサインに気づくようなこともあります。

だから、うまくいかなかった日にも３つのよかったことを書くのです。

●よかったことを書くときにリフレーミングの習慣を持つ

事実は変わらないかもしれませんが、とらえ方を変えると、自分自身の受け取り方や反応や行動が変わります。事実のとらえ方を言い換える手法がリフレーミングです。

たとえば「決断力がない」、「すぐ忘れる」などの言葉を肯定的な言葉に変えると、「慎重」、「おおらか」と受け取りやすい言葉にすることができます。

私が参加した心理学セミナーである女性が「切れやすい」のが欠点だと話していました。まわりの人に対して〝瞬間湯沸かし器〟のようになって怒ってしまうそうです。「情熱的なんですね」と、私が言い換えて伝えると、その女性は満面の笑顔になりました。「切れやすい」自分を前向きにとらえることができたと話してくれました。

そして、よい状況をさらにパワーアップして言い換えることもできます。

たとえば、「頭がいい→天才」、「姿勢がいいね→姿勢が美しい」、「よいことがあった→夢みたいによいことがあった」、「笑顔がいい→笑顔が輝いている」。このような言い換えをするとよかったことがパワーアップします。

また、「最高」、もしくは「すばらしい」、この言葉をプラスしてよいことを表現するだけでも、簡単にパワーアップした言い換えになります。

たとえば、「おいしい→最高においしい」、「さわやか→さわやかさがすばらしい」、などです。よいことの言い換えは、少しオーバー気味に表現するのがポイントです。この言い換える能力が高い人はよかったことをさらに五感に染み込むように書くことができます。

このように物事のとらえ方を変えて言い方を工夫すると、事実は変わらなくても、自分自身の感情や行動が変わってきます。結局は、どのような状況でも、自分のとらえ方しだいという柔軟な思考や態度が備わってきます。現実に起こっていることはニュートラルです。それを悪くとらえるのも、よくとらえるのも自分次第です。悪かったと思うようなできごとも、リフレーミングするとよいことに変化します。

３つのよかったことの事例だとこんなものがありました。事実はよくないことかもしれませんが、リフレーミングをしてよいところを見ています。

「車をぶつけられたけれど、車が傷ついただけでケガはありませんでした。よかった」

「台風の大雨で３日間電気、水道が止まったけれど、今日、電気と水道が復活して家族で大喜びをした」

「今日は社労士試験の日です。何回も落ちたけれど、合格できたから今の自分がいることに気づいて幸せだと感じました」

●自分だけでなく他の人（家族）のよかったことを書く

自分のよかったことだけでなく、たとえば、家族のよかったことを家族の気持ちになって書くのも家族の気持ちがわかるのでおすすめいたします。

たとえば、妻の気持ちになって「夫が焼イモをお昼につくってくれておいしかった」。子どもの気持ちになって、「お父さんが、部活の合宿の費用を出してくれてうれしかった」。このように３つのよかったことは、自分がしてあげてよかったことも書くことができます。

通常はしてもらったことを書いているかもしれませんが、自分が相手のためにしてあげたことを書くのもよかったことが広がっていって楽しい気持ちになれます。

そして、これは自分のよかったこととしても書くことができます。「妻に焼イモを焼いてあげたら喜んでくれてうれしかった」、「娘の部活の合宿費用を出してあげたら喜んでくれた」。

その他の事例で、子どもの気持ちになって「野球をがんばっているのでお母さんが好物のおにぎりをつくってくれた。おいしかった」と書いてありました。ママの気持ちになって、「野球をがんばっている息子に好物のおにぎりをつくってあげたらおいしいと喜んでくれた」と書くこともできます。

それぞれの立場で考えると、よかったことの世界が広がってくるのを感じられるはずです。3つのよかったことをさらに簡単に楽しく書くことができるようになります。

●音楽を聞きながらリラックスしながら書く

3つのよかったこと書く時間にスキマ時間を使うのはもったいないかもしれません。また、時間を区切って書くのは楽しむことを忘れてしまいます。

1日の終わりに好きな音楽を聞きながらリラックスして書くと最高に幸せな時間になります。心の栄養となる、とっても大切な時間を味わうことができます。時間の制約を持たずに、好きな音楽を楽しみながら、リラックスして空から降りてくる言葉を書いていくのです。

すると、未来と過去をつなぎ、現在を幸せに過ごす時間になるのです。これが最高に楽しい3つのよかったことの味わい方です。右脳が働いて、これまでと違うよかったことに気づけるでしょう。

１日の終わりに自分自身に最高のギフトを贈りませんか。

ちなみに、私はヒーリングミュージックやクラシック音楽を聞きながら書いています。時間を充分に取るようにしています。ＢＧＭで流す曲を変えると、曲によって違うよかったことに気づける体験もできます。

２　目からウロコの活用法

●１週間を振り返ってよい感情を味わう

毎日の３つのよかったことを書くだけでなく、よかったことを味わう時間を取りましょう。たとえば、味わったとしても1日の最後の時間では、ほんのわずかな時間しか取っていないかもしれません。それは、もったいないのです。

そこで、引き寄せ体質をつくるために、１週間でも振り返って味わう時間を取ってみるのです。

やり方は簡単です。先週の1週間分をゆったりと過ごせる週末に、１週間の３つのよかったことの記録をまとめるのです。まとめながら、１週間分のよかったことを味わう時間をたっぷりと取るのです。週刊よかったことニュースとして、記録を残している人もいます。

私はＦＢグループの参加者のよかったことをまとめて、週刊よかったこと新聞を発刊しています。その中でよかった人を今週のよかったこと優秀賞として発表しています。いずれ、年間でまとめて、よかったこと大賞として表彰したいと思っています。あなたやグループの参加者は、よかったことで彩られたすばらしい1週間、そしてすばらしい1年間に変化します。

よかったことのよい感情を味わう時間をたっぷりと取るのは、自分を愛する最高のワークです。あなたの感情が幸せや喜び、感謝に満たされるようなイメージを持ち、充分に味わう時間を取りましょう。自然とあなたは夢と希望にあふれた思考を持ち、さらに前向きな言葉を使うようになります。行動力も出てきます。

その結果、あなたと共鳴する高い波動のアイデアや人脈、チャンスなどを引き寄せて、その波動にあった現実を引き寄せていきます。そして、奇跡と言えるような結果をもたらしてくれるのです。

●自分を褒めると運がよくなる

もし、こんな人がいたらどんな気持ちになりますか？

何をしても喜んでくれない。「ありがとう」も言ってくれない。その人のために一生懸命尽くして、人生の中で最大の時間を使っています。ほとんど24時間労働です。それなのに、褒めることも、感謝もしてくれません。ひどい人がいますよね。

しかし、思い起こしてください。それは自分に対する自分自身の行動です。自分が何かをして、「うまく行かなかった」、「やっぱり自分はダメだ」、「やらなければよかった」と思ったことはありませんか？　これでは自分が一番の敵になっているのです。

自分くらいは自分の味方にならないと、幸せ感を得ることはできません。自分のよかったことを見つけて褒めるのです。３つのよかったことを書く中で、自分を褒める言葉を入れるのが効果的です。

よかったことには、自分自身の何らかの言葉、行動、あるいは働きかけ、おもいやり、感謝があるはずです。そのことを褒めることも同時に行ってみましょう。よかったこと＋自分褒めです。１日の振り返りでは時間が取れないケースは、１週間の振り返りのときにやってみましょう。

たとえば、よかったこととして、「車の洗車をおふろの残り湯でやったこと」と書いたら、１週間の振り返りでは、「車の洗車をおふろの残り湯でやったこと。地球環境に貢献した私はえらい！」と自分を褒めるのです。

自分褒めの方法は、自分の名前を入れて褒めるのがシンプルだけど効果的です。「○○ちゃん偉い」、「○○さん、すばらしい」と褒めるのです。また、自分の頭をなでなでしながら、「○○ちゃん大好き」と褒めるのも効果的です。

ある精神科医が自分の病院にやってくる患者さんたちが、自分を大切にしていないことに気づいたそうです。そこで、患者さんたちに自分で自分を好きになってもらうために「○○ちゃん、好きだよ」と自分に向かって言ってもらうことを始めたそうです。最初は抵抗を感じていた患者さんたちも、時間をかけて何度も繰り返しているうちに、だんだんと自分を大切にできるようになったそうです。

自分のことが嫌いな人は、自分を大切にはできません。運のいい人はみな、自分を大切にしています。そのベースには自分への愛情があります。自分を大切に扱うには、まずは自分で自分を好きになることが大切なのです（参考　「科学がつきとめた運のいい人」　中野信子著）。

●自分が自分のファンになる

人の心の中には、心の壺があります。心の栄養が入っている壺です。自分の心の壺をまず満たして、そこからあふれたとき、そのあふれた愛情で人のために思いやりの行動をしてあげたらいいのです。

一番大切にしないといけないのは、自分自身です。いつも自分を置き去りにしていませんか？それで自分の心は喜んでいますか？　自分が自分の一番のファンになりましょう。自分に愛を吹き込むのです。愛が注がれた人しか、愛は与えることができないのです。

ＦＢグループのよかったことの投稿で次のような素晴らしいものがありました。あるお母さんが書いた娘さんのエピソードです。

『午後から娘の友達が遊びにきました。帰り際、「明日学校に行きたくなーい！」の話で大盛り上がり。ですよね～と思いながら聞いていると「でもさ、そんなこと言っても結局毎週月曜に学校に行っちゃっている私たちって偉くない？　偉いよねー」の展開。自分褒めの中３女子たちに感動したこと。すばらしい』

こんな会話をしている娘さんたち素敵ですよね。せめて自分くらいは、自分のファンになって、自分を褒めて認めてあげないと救われません。自分が自分の最高の味方になっていて素晴らしいです。

ちなみにこの中学生の娘さんは希望する高校を受験して合格できたそうです。自分自身のよいところを見て褒めていたからです。

●ありがたいことを書く

よかったことだけでなく、ありがたいことにフォーカスして書くと愛と感謝で満ちあふれた人生になっていきます。なかなかありがたいことが出てこない人は、当たり前のようにある今の幸せを思いつく限り書き出してみましょう。

たとえば、家族が朝、「おはよう」と言ってくれる。子どもたちが「行ってきます」と学校に行って、「ただいま」と帰ってくることも感謝。それを「お帰りなさい」と出迎えることができる、妻や子どもたちが風邪をひいて家で休んでいる、これも感謝。冷蔵庫がある。テレビがある、洗濯機がある、炊飯器がある、携帯電話がある、便利な生活に感謝です。

朝の散歩ができる、お風呂に毎日入れる、電気が使える、水道が流れていて水が使える、ガスが使えて料理ができる、心臓が毎日動いている、息ができる、三度の食事が食べられる、目が見える、歩ける、耳が聞こえる、話せる。

当たり前と思っていることは巨大な幸せなのです。

3つのよかったことに書いてあった事例です。

「暑い夏に家でクーラーの中で仕事ができることがありがたい」

「寒い冬の朝にお湯で顔が洗える。幸せ」

「娘がお小遣い欲しいと甘えてきてくれることもありがたいことだと感じた」

「お盆のときに、こうやって生きていることに感謝と思った」

「目が見えること、声が出せることに感謝した」

感謝の大切さは次の章で詳しく説明いたします。

●3つのよかったことの瞑想

私は3つのよかったことの瞑想を行うこともあります。次のような言葉をイメージしながら誘導瞑想を行っています。

「では、ゆったりとして椅子に座ってください。軽く目を閉じて、大きく息を吸って、吐いて。もう一度大きく息を吸って吐いて。今日1日を楽しく過ごしてきました。そんな1日に感謝の気持ちを持って、今日の1日のよかったことを3つ思い出してみましょう。今日はどんなよかったことがありましたか？　ゆっくりと思い出してみてください。何が見えますか？　そこには誰がいましたか？　その人はどんな表情をしていましたか？　そして、どんな声が聞こえましたか？　あなたは何を感じましたか？　ゆっくりと思い出してみてください。そのよかったことを充分に味わってみてください。今日のよかったことで心をいっぱいにしましょう。体中をよかったことで満たしましょう。そして、それが部屋中に広がり、空に広がり、宇宙に広がって行くことをイメージしてみましょう。充分に味わってみてください。充分に味わったら、自分にほほ笑んでみましょう。それではゆっくりと今に戻ってきてください。目を開けて３つのよかったことを書いていきましょう。３つとも書き終わったら、ゆっくりと味わう時間を取りましょう」

この瞑想の後に３つのよかったことを書くと、感謝に満ちあふれた３つのよかったことを書いています。

ここにいるだけで幸せだと感じることができます。

３　心をつくる

●見えるもの感じるものは自分で決めている

よかったことに気づき受け入れる心をつくりましょう。受け入れる心がないとよかったことが入ってこないのです。

人は自分の見たいもので人生を味わっているという有名なたとえ話があります。

次に紹介します。

「旅人の話」

昔々あるところに小さな村がありました。その村の入り口の小さな切り株に、一人の老人が腰かけておりました。あるとき、一人の旅人がその村を訪れました。

旅人は聞きます。「おじいさん、この村はどんな村？」

おじいさんは聞き返します。「あなたが今までいた村はどんな村だった？」

旅人はこう答えました。「いやぁ、前にいた村は嫌な人ばかりでろくな村じゃなかったよ」

「そうかい。きっとこの村もあなたが前にいた村と同じだよ」

また別の日に旅人がやってきました。

「おじいさん、この村は一体どんな村ですか？」おじいさんは聞き返します。

「あなたがこの前にいた村はどんな村だった？」

「私が今までいた村はとてもすばらしく、人々は親切で、あんなによい村はありませんでした」

「そうかい。きっとこの村もあなたが前にいた村と同じだよ」


同じ状況であっても、自分のフォーカス（焦点）を当てるものによって見え方が異なります。つまり、嫌なものや怒りたくなるものにフォーカスする人は、どこに行ってもそれが目に付いてしまいます。

気持ちのよいことや素敵なことにフォーカスする人は、それしか興味がないのでよいものしか見えていません。

つまり、見えるもの感じるものは「自分がフォーカスして決めている」のです。

よかったことにフォーカスする心をつくると、よかったことをどんどん引き寄せて、よかったことに満ちあふれた人生になります。

●感情もトレーニングしないとよかったことを喜べない

よかったと思う感情もトレーニングしないとなりません。肉体のトレーニングと同じように、よい感情もトレーニングをすると育成できるのです。

夜に３つのよかったことを思い出して、言葉にして書くことは、自分のできる一番簡単な感情のトレーニング法なのです。３つのよかったことを書いていると、心が喜んで、自分の心が笑顔になっているはずです。自分の心を笑顔にする時間が、最高のトレーニングの時間なのです。そのときの自分の感情に合わせた言葉を使うことで、自分の感情を知ることができます。その自分の感情をまわりの人に伝えることで、良好なコミュニケーションを取ることができるのです。

ところが感情を表現する言葉を学ぶ時間を取っていなかった人が多いのも事実です。３つのよかったことを仲間と行っていると、仲間から自分が使わなかったような感情を表現する言葉を学ぶことができます。まったく聞いたことのないような言葉も学ぶことができます。さまざまな意味と使うべきとき、場面を知ることで、より正確に自身の感情を自分でも理解し、相手に伝えることができるようになります。

だから、よかったことだけの事実を書くだけでなく、プラス自分の感情も書くと感情のトレーニングになります。よいことが記憶に残りやすくなります。

たとえば、「雨が降っていたので家で家族とすごろくをしたり、トランプをしていっぱい遊んだ」と書くだけでなく、そこに自分の感情を入れるのです。「雨が降っていたので家で家族とすごろくをしたり、トランプをしていっぱい遊んだ。子どもの笑顔と妻の笑顔が見られてうれしかった」。このように感情を入れて書く習慣ができると、五感が磨かれてきます。

優秀なビジネスマンほど、日常では感情を抑えて仕事をしています。ビジネスでは感情を入れないほうがうまく行くからです。それが習慣になり五感が目詰まりして錆びついているので、感情を表現するのが苦手なのです。

よかったことにプラスして、感情を入れた言葉を使って五感を磨きましょう。

●ニューロロジカルレベルでよかったことを見つける

ロバート・ディルツ氏の提唱したニューロロジカルレベルという①環境、②行動、③能力、④価値観、⑤自己認識の5つの領域でよかったことを見つける方法もあります。

5つの領域は次のとおりです。

①環境とは

その人の環境でよかったことを見つけるのです。

たとえば、環境の事例だと、このような例となります。

・会社の経営者でいること
・子どもがいること

②行動とは

その人の行動したことのよかったことを見つけるのです。

たとえば、次の行動です。

・トイレ掃除をした
・お花に水まきをした
・母の日にプレゼントを贈った
・妊婦さんに電車の座席を譲った

③能力とは

その人の能力のよかったことです。

たとえば、次のとおりです。

・企業研修で喜んでもらえた
・料理をつくったらおいしいと言ってもらえた

・部下から指導をありがとうと感謝された

④価値観とは

その人の持っている価値観のよかったことです。

たとえば、次のとおりです。

・笑顔で相手に接することを大切にしている
・スキマ時間は休むことを大切にしている
・心の余裕が相手も自分も幸せにすると思っている

⑤自己認識とは

その人の自分の自己認識のよいところです。

たとえば、次のとおりです。

・子どもたちの未来に夢と希望を与えることをミッションにしている
・目の前の人を幸せにすることが人生の大切なことだとわかっている

3つのよかったことを書いていると、これらの5つの領域を深めることができます。たとえば、自分の価値観や自己認識のよかったことに気づくと、自分自身の人生が誇らしくなります。すると、これから先の人生をさらに有意義に生きようと思う活力が出てきます。

自分の価値観や自己認識に共感してくれて、認めてくれる人に出会えたとしたら、最高に幸せな人生になるでしょう。

そして、自分自身の価値観やミッションを知るためには、自分自身の人間力の向上も欠かせません。自分を高めていないと、ニューロロジカルレベルの価値観や自己認識に気づかないので、よいと感じることができないからです。そのためにも役立つのが毎日の3つのよかったことの継続です。

この5つの領域でバランスよく自分のよかったことを見つけて言語化できたら、自分自身の人間力を高めることにもなります。

●自分自身に積極的傾聴をする

メンタルヘルスに効果的な上司の役割として〝傾聴〟があります。部下の話をじっくりと心から聴くことです。部下の話を聞いてアドバイスをするのではなく、ただ聴くのです。このことにより、上司は部下のサポートができます。

職場のメンタルヘルスの中で上司による部下への配慮や対応は、「ラインによるケア」と呼ばれます。この「ラインによるケア」として、〝積極的傾聴〟という手法が効果的なのです。

3つのよかったことは自分の心の声の傾聴です。自分とのよい関係を持ちたいと思えば、まず、自分と向き合う時間を取ることです。そこで湧き出す自分の思いを言葉にして無条件に受け入れることです。何らかの思いこみのフィルターや価値観をどけて、自分の心の声を生のまま聴いてみるのです。

そうすると今まで気づかなかった自分の感情が、より深く理解できるようになるのです。自分のことがわかると、人を見るときの自分のクセ（思いこみや価値観）がわかるので、誰とでもコミュニケーションがうまくいくようになります。

自分の心の声を聴くために、ふと、立ち止まることが大切です。

いつも目の前のやるべきことに注意を向けているのではありませんか？　「このままでよいのか？　他にやるべきことはあるのではないか？　忘れているもの、置き去りにしているものはないか？」と立ち止まることもやってみませんか？

家を出たときに立ち止まって、もう一度忘れたものはないかと考えると忘れ物に気づくことがあります。1日をやるべきことだらけで終わらせないで、1日の終わりに立ち止まって振り返る時間が、あなたの気づきをもたらしてくれます。

3つのよかったことは何かなと考える時間が、あなたの大切にしているものに気づかせてくれるのです。

●ストレスマネジメントをする

ストレスとは、たとえばボールに外から圧力がかかってひずんだような状態を指します。精神医学や心理学では、ストレスを引き起こす要因を「ストレッサー」と呼んでいます。生活の変化が生じると、それに対応するために心のエネルギーを消費するのです。

昇進や自宅の新築、わが子の誕生などうれしいことでも、職場や住居の環境、生活パターンに変化が生じることになります。生活のパターンや環境が変わることは、ストレッサーになりうるのです。家族の死や自身の病気など誰が考えてもストレッサーとわかるできごとは周囲も気づかってくれます。

ただ、些細な変化やまわりに祝福されるようなことも、自分で気づかないうちにストレスになっていることがあるのです。

人は人との交流の中で、気づかないうちに自分の心を傷つけてしまっています。自分で心を修復する時間を取らなければなりません。誰にも幸せに生きる権利と義務があります。

これは私たち自身の権利であり、義務なのです。人まかせにするのではなく、自分が自分の人生を幸せに生きる、最高の人生を生きると決めるのです。決めると、心を修復する時間を取るようになります。

そして、世の中は常に変化しています。価値観も多様化し、あらゆるものがめまぐるしく変化しています。だから、今の幸せだけでなく未来の幸せをイメージする時間を取らねばなりません。そのためにも、リラックスする時間が必要です。

世の中の変化に鈍感な人は人に流されて生きる道を選択しています。自分で幸せに生きる道を選びましょう。そのためには、リラックスして考える時間、よかったことを見つけて感じて幸せを味わう時間が必要なのです。

３つのよかったことでストレッサーもクリアリングできます。

●アリとキリギリスの童話で本当に幸せになるのはどっち

小学生のころにイソップ童話のアリとキリギリスの話を読んで、楽しむと後で悪いことが起こると感じていました。アリとキリギリス（イソップ童話）を紹介します。

【アリとキリギリス】


夏のある日、キリギリスが野原で歌を歌っていると、アリたちがぞろぞろ歩いてきました。キリギリスさんが聞きました。

「おい、アリくんたち。そんなに汗をびっしょりかいて、何をしてるんだい？」

「これはキリギリスさん、私たちは食べ物を運んでいるんですよ」

「ふーん。だけど、ここには食べ物がいっぱいあるじゃないか。どうして、いちいち家に食べ物を運ぶんだい。おれみたいに、お腹が空いたらその辺にある食べ物を食べて、あとは楽しく歌を歌ったり、バイオリンを弾いたりして、遊んだりしていればいいじゃないか」

「でもね。キリギリスさん。今は夏だから食べ物がたくさんあるけど、冬が来たら、ここも食べ物はなくなってしまいますよ。今のうちにたくさんの食べ物を集めておかないと、あとで困りますよ」

アリたちがそう言うと、キリギリスさんは、「ハハハハハハッ」と、笑って言いました。

「まだ夏が始まったばかり。冬のことは冬が来てから考えればいいのさ」

そう答えると、またバイオリンを弾き始めました。

さて、それからも毎日キリギリスさんは陽気に歌ってバイオリンを弾いて暮らし、アリたちはせっせと家に食べ物を運びました。

やがて夏が終わり、秋が来ました。キリギリスさんは、ますます陽気に歌を歌っています。そして、とうとう、寒い冬がやって来ました。野原の草はすっかり枯れ果て、キリギリスさんの食べ物は１つもなくなってしまいました。

「ああ、お腹が空いたな。困ったな。どこかに食べ物はないかなあ。……あっ、そうだ。アリくんたちが、食べ物をたくさん集めていたっけ。よし、アリくんたちに何か食べさせてもらおう」

キリギリスは急いでアリの家にやって来ましたが、アリは家の中から、「だから、食べ物がたくさんある夏の間に食べ物を集めておきなさいと言ったでしょう。家には家族分の食べ物しかないから、悪いけど、キリギリスさんにはあげることができません」と、言って、玄関を開けてくれませんでした。

キリギリスは雪の降る野原の真ん中で、寒さに震えながらしょんぼりしていました。

おしまい

こんな童話を知っていますよね。この童話を読むと、人生を楽しんではいけないと思ってしまいます。

子どものころにこの童話を読んで、楽しまないで働くことがよいことで、楽しむことが悪いことのように思っていました。そのまま大人になって、楽しむことなく働いてきました。楽しむことに対する恐怖感が無意識に残っていたのかもしれません。

大人になって世の中で幸せそうな人を見ると、どうも違っていると感じました。仕事もプライベートも遊ぶように楽しんでいるのです。アリさんのような人生を歩んでいる人がいます。ずっと働き続けて、人生を楽しむ時間を取っていないのです。自分の人生のよかったことなど考える時間も取っていないのです。悲観的にいつも未来の心配をしています。だから、生きていることが苦しそうなのです。

それに反して、キリギリスさんのように、笑顔で楽しんでいる人がいます。楽観的に毎日を過ごしています。現実の人生では、そんな人のほうが幸運を引き寄せている感じなのです。

●楽しんで生きているキリギリスが幸せになった話

そこで、人生を幸福に生きているアリとキリギリスの話を創作しました。次の話です。

【アリとキリギリス　創作】

夏の暑い日、アリさんは食べ物を一生けんめい運んでいました。汗をかきながら、毎日、運んでいました。キリギリスさんは、ずっと歌を歌いながら楽しくバイオリンを弾いていました。

あるとき、そのすばらしい音色を聞いて、たくさんの人たちが集まってきました。その日は村のお祭りの日だったのです。

大きな木の木陰で、歌いながらバイオリンを弾いているキリギリスさんの演奏に、集まった人々が心を癒されていました。キリギリスさんは聴いてくれる人々を笑顔にすることができて幸せでした。

偶然、馬車で通りかかった王様が、この人だかりはなんだと思って立ち止まりました。心を打つその歌とバイオリンの音色を聞いて、「素晴らしい！」と言って、キリギリスさんを宮廷のお抱えバイオリン演奏者にしました。そして、宮廷だけでなく、キリギリスさんは、国中を演奏旅行に行くことになりました。結婚もして、子どももできて、幸せな生活を送りました。

アリさんは、いつも、食べ物がなくなったら困ると心配しながら、食べ物をせっせと運んでいました。

一生、遊ぶこともなく過ごしていました。


こんな話です。私たちは何のために働くのでしょうか。

私は自分の大切な人を幸せにして、自分自身も幸せな人生を送るためだと思っています。

一生懸命働くことは悪いことではありません。しかし、その姿が苦しそうだったとしたら、あなたの大切な人も自分自身も笑顔になれません。

人生を楽しんでもいいのです。我慢ばかりをしていると、苦しい顔になります。笑顔を忘れてしまいます。あなたの大切な人は、あなたの笑顔を見たいのです。楽しむことをよいことだと思ってみませんか？　楽しいことをやっていると、さらに楽しいことが起ってきます。楽しいことをやっていると、さらに楽しいことを引き寄せてきます。

『アリさんとキリギリス～持たない・非計画・従わない時代～』（細谷功著）という本では、アリとキリギリスの話は「今の時代の教訓にはならない。これからはキリギリスの時代がやってくる」、「アリに変革はできない。世の中を変えられるのはキリギリスである」と説いています。

4　ステートコントロール

●3つのよかったことはステートコントロールの最良の手段

毎日の生活でとっても大切なことは、ステートコントロールです。ステートとは心の状態のことです。心の状態が快調（心地よい状態）であるならば、どのようなことも前向きに取り組めてうまくいきます。逆に、心の状態が不快であるならば、どのようなこともうまくいかないのです。

「素敵な人と結婚したい」、「お金持ちになりたい」と願望して、この言葉を唱えたとしても、「そんなの難しい」、「どうしたらいいのかわからない」、「ムリに決まっている」という言葉が浮かんできたとしたら、それはステートが不快な状態なのです。それだとうまくいきません。だから、ステートコントロールが必要なのです。心の状態をいつも快調にできている人が願望実現できる人なのです。

３つのよかったことを毎日書いていると、心がいつも快調の状態になります。それは、毎日、楽しいという心を磨いているからです。ダイヤの原石を毎日磨いていると、キラキラと輝いてくるのと同じです。

それが、３つのよかったことの継続の効果なのです。そして、それ以外にもステートコントロールとして、次のことを毎日の生活でも実行していると３つのよかったことの効果も高まります。

【具体的なステートコントロールの事例】

お花に水をあげる、ペットと遊ぶ、睡眠をたっぷりとる、好きな人の笑顔を思い出す、家族の写真を家に飾る、楽しかった旅行の写真を見る、旅行の計画を立てる、赤ちゃんにミルクをあげる、褒める・褒めてもらう、幸せを感じる食べ物を食べる、プレゼントを贈る、笑顔で過ごす、冗談を言って笑う、残高たっぷりの預金通帳を見る、感謝する、できたことを書き出す、朝陽を浴びながら散歩する、などです。

これ以外にも自分独自のステートコントロールの手段を見つけましょう。ある人は、自分の好みの入浴剤を入れたお風呂にゆったりと入るといいそうです。

もちろん、よかったことを毎日振り返ることもステートコントロールの最高の手段になります。

●たまたま見た一部で全部だと判断してしまう

今日の3つのよかったことを見つけるときに、正しく見つけられているか、それが本当にその1日の中でベストな選択だったのかというと、そうではありません。自分の心の状態や、たまたま浮かんだものをよかったこととして認識しているのです。同じような1日を送ったとしても、自分の心の状態によって違ったよかったものを選択しているのです。

6人の盲人とゾウの話があります。次のようなものです。

昔、6人の盲目の修行僧がいました。彼らは学ぶためにゾウを観察しようと出かけました。最初の男は象に近づき、うっかり大きくてがっしりした脇腹にぶつかり、こう叫びました。

「象とは壁のようです」。

2番目の男は、牙に触れて大声をあげました。

「これはなんと丸くて滑らかで、しかも尖っている。わかった！ このゾウというものはヤリのようだ」。

3番目の男は象に近づき手につかんだのがくねくね動く鼻だったので、こう言いました。

「なるほど、象とはまるでヘビのようだ」。

4番目の男は手を伸ばしてひざのあたりを触りました。

「この獣は、まったくでこぼこがない。きっとゾウとは木のようなものであろう」。

5番目の男が触れたのは耳でした。

「このゾウという生き物はうちわのようなものだ」。

6番目の男はゾウに手を伸ばすと、すぐにゆらゆらゆれるしっぽをつかみました。

「なるほど、象とは縄のようであるぞ！」

それから、この男たちは長いこと大声で言い争い、それぞれが自分の意見を譲らず、言い張るだけだったそうです。

自分のよかったことも同じです。自分の心の状態でたまたまそれを選んでいるのです。ほんの一部を感じて、全部のように思ってしまっているのです。人によって感じる視点が違っているので、6人の盲人のように自分の1日も心の状態によって違った解釈をしているのです。

不幸と思っているような1日も見る部分を変えたら、幸せに変わるのです。

だから、どんな1日でもよかったことは見つけることができるのです。

●一瞬でステートをチェンジできるワーク

ステートコントロールが体験できる簡単なワークがあります。それは、幸せを感じる食べ物をイメージすることです。

あなたの幸せを感じる食べ物は何ですか？　1つだけイメージしてみてください。おいしく食べている自分をイメージしてください。これだけで、一瞬で幸せな気分になれるのです。

グループワークで幸せを感じる食べ物を聞いたことがあります。

「焼肉です。なんと言っても好きだからです」、「寿司です。ウニが好きなのです」、「ケーキです。甘いものが好きだからです」、「炊き立てのごはんです。炊き立てのごはんがあれば幸せです」、「シュークリームです。シュークリームの食べ放題を体験したいくらいです」などの発表をしてくれました。

「幸せって何ですか」と聞くと、難しくなります。ほとんどの人は、何が幸せなのか具体的に考えていないからです。具体的でないものをイメージすることはできません。だから、幸せをイメージすることは難しいのです。

しかし、幸せを感じる食べ物はイメージできるので、その食べ物を食べたときの幸せの感情を思い出すことができます。幸せな感情を思い出すので幸せな表情と言動になっています。それを見ているグループの仲間たちの表情も言葉も幸せ感あふれるようになっていました。

これ以外にも幸せな人は一瞬で幸せな状態になる術を持っています。ある言葉を言う、ある思い出を思い出すなどです。つまり、幸せな状態を自分でつくり出すことができるのです。心の状態をコントロールできなくて表情が暗い人は、まわりに不機嫌を振りまいています。まわりに不幸を振りまいていています。そのことに気づかないでいるのです。

だから、その人のそばに行く人がいなくなるのです。それだけでなく、おそらく、幸運の引き寄せの女神さまも、そばに来るのをためらってしまうのです。心の状態のコントロールができる人が幸せになれる人です。

●心の状態で生産性が影響される

ステートの状態によって仕事の生産性も大きく影響を受けます。悲しみ、不安、焦りなどネガティブなステートの状態でいると生産性は大きく落ちることになります。日本のＧＤＰ（国内総生産）が低いのは、日本人の仕事に対する負のイメージが強いことも1つの要因だとあげられています。

幸福感、充実感、高揚感などポジティブな感情のときは生産性を大きく飛躍させることになります。幸福な人は、仕事のパフォーマンスが高く、クリエイティブで、収入レベルも高く、結婚の成功率が高く、友達に恵まれ、健康で寿命が長いことが確かめられています。矢野和男博士の著書「データの見えざる手」によると、定量的には、幸せな人は、仕事の生産性が平均で37％高く、クリエイティビティーは３００％も高いそうです。

３つのよかったことを続けて書いて、他の人の書いているものを読んでいると、ステートの状態がよくなります。仕事の生産性も向上していくのです。

●ステート（心の状態）を形成する3要素

ステートをコントロールするにあたっては世界ナンバー1コーチと言われているアンソニーロビンズが提唱するトライアドの考えが役立ちます。

トライアドとはステートを形成する3つの要素のことを指します。その3要素とはフィジオロジー（身体の動き）、ランゲージ（言葉）、フォーカス（焦点）の3つです。この3要素によってステート（心の状態）は形成されます（参考　アンソニーロビンズ著「人生は一瞬で変えられる」）。

【フィジオロジー】

フィジオロジーは身体の動きや状態を指します。アンソニーロビンズのセミナーでは、鬱（うつ）になった人の姿をイメージするワークがあります。頭は垂れ、体は前かがみになり、肩は落ちて、呼吸は浅く、声は小さく、口調も遅くなります。

このような状態を変えるにはどうしたらよいかというと、フィジオロジーを変えればいいのです。動きや状態をアグレッシブなものに変えると心理・感情も変わってきます。たとえば、落ちた肩を上げて胸を張ってみるのです。浅い呼吸をやめ、深く呼吸をするのです。そして、仁王立ちもするのです。

たった2分間で気持ちが変わります。フィジオロジーを変えれば感情も一瞬で変わるのです。もし、心の状態が落ち込んでいるとしたら、両手を広げて空に伸ばしてみてください。心の状態が変わっていくことを感じることができるはずです。実際のアンソニーロビンズのワークでは、足が床から大きく離れるジャンプします。体を伸ばして腹筋に力を入れて声を出すワークを行います。

体を伸ばして腹筋に力を入れると横隔膜が上がります。すると、脳に酸素がよりいきわたり脳がとてもいい状態になります。体を動かすと気持ちがよくなるのです。

【ランゲージ】

ランゲージとは文字通り、使っている言葉です。言葉はただ話している言葉だけではなく、思考しているときの言葉も含まれます。

話し言葉がステートに与える影響として、ふだん、発している言葉はステートに大きな影響を持ちます。たとえば、あなたは感情的な人だねと言われるのと、あなたは熱く生きている人だねと言われるのはどのように感情に影響を与えるでしょうか？

伝えたい意図としては同じような意味です。しかし、前者の言葉をかけられると、わがままで自分勝手なイメージがするのでよい気持ちがしません。後者の言葉をかけられると全力で人生を生きている人だというイメージなので、悪い気持ちがしません。このようにステートをコントロールできる人は、相手のステートに与える影響を考慮して言葉を選んで話しています。

話し言葉と同じようにステートに影響を与えるのが思考の中の言葉です。思考の中の言葉をセルフトーク（内部対話）といいます。

セルフトークというのは文字通り、自分に語りかける言葉のことです。ふだん思考の中で発している言葉になります。セルフトークは願望実現においても非常に重要な要素を占めます。なぜならセルフトークの質によって、その人の現実が大きく影響されるからです。

たとえば、否定語を中心に思考をしていると、否定語の言葉の現実が実現するのです。３つのよかったことは、セルフトークの質を変えて日常使っている言葉を肯定語に変える効果があります。

【フォーカス】

フィジオロジー、ランゲージと続いて最後にあげられるのがフォーカスです。

フォーカスとはどこに焦点を当てているか、何を集中して見ているかということです。人は何を中心に意識し続けるかでステートの状態に大きな影響があります。

人生を生きていく上で、自分がフォーカスをあてているものは何か？　自分が持っているものにフォーカスを当てているか？　もしくは欠けているものにフォーカスを当てているか？　また、コントロールできるものにフォーカスを当てているか？　もしくはできないものにフォーカスを当てているか？

たとえば、お金がない、上司が嫌なタイプだ、とんでもないミスを過去にしてしまった。そのように、もし持っていないもの、自分がコントロールできないもの、過去のものにフォーカスを当てているのであれば、イライラしてしまうはずです。

仕事で問題が起こり、イライラして帰ってくることがあるでしょう。家庭にそのイライラを持ち込むのはよくないことです。そんなときでもよかったこと、感謝できるものにフォーカスを変えるとイライラがなくなります。

怒りの状態であったとしても「今日はどんなよかったことがあったかな」と問いかけをするだけでも、怒りがおさまり、冷静さを取り戻すことができるようになります。

意図的に自分のステートの状態を管理しないと、自分の心を荒れた雑草だらけにしてしまいます。

もし、よかったことが見つけられないようなときは、起こってしまった問題以上の最悪を想像してみましょう。そうすると、最悪でなかったので少しは気持ちが落ちついてきます。

●ステートの3種類知っていますか

ある特定のステートの状態を種類分けして呼称することがあります。アンソニーロビンズはステートを次の3つに分けて使っています。ピークステート（Peak State）、ビューティフルステート（Beautiful State）サファリングステート（Suffering State）の3種類です。

【ピークステート】

ピークステートとはピーク（頂点）が示すように、最高のステートの状態のことです。いわばエネルギッシュで気持ちが最高潮に達している状態です。ピークステートのときは、あらゆることが生産的に進みます。したがってアンソニーロビンズはどんなときでも、ピークステートの状態を引き出すことが理想だと説いています。

ピークステートを引き出すには前述したトライアド（フィジオロジー・ランゲージ・フォーカス）をコントロールします。思いっきり体を動かしたり、肯定的な言葉を放ったり、ポジティブに切り替える質問を行ったりします。

たとえば、幼稚園児が欲しかったクリスマスのプレゼントをもらったときに、歓声を上げて飛び跳ねている状態がピークステートです。

ピークステートで成功しているアスリートの事例として、マイケル・ジョーダンが挙げられます。マイケル・ジョーダンは、ＮＢＡのシカゴ・ブルズでプレイした伝説的なバスケットボール選手で、試合中に常に最高のパフォーマンスを発揮し、数多くの試合で驚異的なプレイを見せました。彼の特徴的なダンクやシュート、ディフェンスはファンを魅了しました。彼が試合に出ると、どんな状況でもチームを鼓舞し、勝利に導くことができました。

マイケル・ジョーダンは、試合前や試合中には自己暗示やポジティブな言葉を使い、ピークステートに入る準備をしていました。その結果、マイケル・ジョーダンはNBAで5回のMVP（最優秀選手）に輝きました。ジョーダンの成功は、ピークステートを意識的につくり出すことが、アスリートにとってどれほど重要で効果的かを示す優れた事例です。

【ビューティフルステート】

ビューティフルステートはビューティフル（美しい）が示すように美しい状態のことを指します。ビューティフルステートの状態にいるときは非常にポジティブな感覚で満たされています。幸福感や感謝の気持ち、愛や繋がり、時間の感覚や五感の感覚が鮮明になり、文字通り、美しい感覚に満たされている状態です。

たとえば、今日1日を振り返り感謝で満たされている状態がビューティフルステートです。

【サファリングステート】

サファリングステートとは苦しみを感じている状態のことをいいます。怒り、妬み、恨み、悲しみ、焦り、憤り、恐れなどいわば負の感情を感じているときは、すべてサファリングステートといえます。

サファリングステートはいわばビューティフルステートと対極のようなものです。たとえば、嫌なことがあって落ち込んでいる状態がサファリングステートです。

３つのよかったことを続けて書いていると、心がビューティフルステートになっていきます。心が幸福感と感謝で満たされている状態です。この状態になると、幸運な引き寄せがどんどん起こってくる人生になります。

●素晴らしき哉人生に見るステートの変化

映画「素晴らしき哉人生」にステートの変化を見ることができます。誠意をこめて生きてきた主人公ジョージはすべてが裏目に出て絶望し、自殺しようと思いつめていました。そのとき200歳になっても翼をもらえない二流の老天使とめぐり逢い、天使は彼の人生を振り返って、「あなたがいなければ、この世はどんなにわびしいか」と彼の人生の意義を見せてあげ、ジョージは生きるよろこびを取り戻しました。ユーモアとペーソスにファンタジーをまじえ、フランク・キャプラ監督が善意を高らかに謳いあげた永遠の名作です。

その作品の中で、ジョージは借金を抱えて自殺をしようとします。サファリングステートの状態です。

しかし、自分の生まれていなかった人生を見て、自分が生きていることだけで幸せだとわかると、「生きている。みんながいる！」と大声で叫ぶピークステートに変化しました。そして、ラストシーンでは子どもを抱きかかえて、感謝と喜びにあふれてクリスマスソングを歌うビューティフルステートになっていたのです。

●奇跡を起こす人は思うだけでなく行動する

「5羽のカモメ」の話があります。

5羽のカモメが防波堤にとまっている。そのうちの1羽が飛び立つことを決意した。

残っているのは何羽だい？　……4羽です。

そうじゃない。5羽だよ。

いいかい？　誤解されがちだが、決意そのものには何の力もないんだ。

そのカモメは飛び立つことを決意したが、翼を広げて空を舞うまでは防波堤にとまったまま。

残りのカモメとどこも違わない。人間だって同じだよ。

何かをしようと決意した人とそんなこと考えてもいない人とでは何の違いもないんだ。

ところが人は、他人のことは行動で判断するのに、自分のことは決意で判断することがよくある。

しかし、行動を伴わない決意は、期待してくれている人に対する裏切りでしかない。

参考「希望をはこぶ人」アンディ・アンドルーズ・著／弓場隆・訳

3つのよかったことを書く仲間が増えていくことを願って、本書を書きました。

今日から行動する人になって、3つ書き始めませんか？

第4章

3つのよかったことファシリテーターになろう

1　3つのよかったことファシリテーターになるコツ

3つのよかったことファシリテーターとは、3つのよかったことを書いてシェアし合うグループの主催者であり、スムーズに運営する運営者と定義しています。この章では、誰もがファシリテーターとして活動できるノウハウを学ぶことができます。

●1人でうれしかったことを書く

うれしかったことを毎日振り返って書くと大きな効果があります。1人でもよいですし、仲間どうしでシェアするのも効果があります。1人で行うときの問題点は2つあります。

1つ目は継続が難しくなることです。

「今日は疲れたのでお休み」、そんな日が何日も続いたら、3つのよかったことを書くのをあきらめてしまうことになります。毎日、食事を取って体に栄養を入れるように、心にも栄養を入れるためには継続したほうがよいのです。継続するよい方法がグループで行う方法です。誰かに見てもらっているだけでも、継続するパワーが出てきます。

2つ目はよかったことの内容がレベルアップしないことです。よかったことの文章は誰もが書けると思っているかもしれませんが、他の人のよかったことの内容を見て学ぶことができないと、事

【ＦＢスレッド事例】

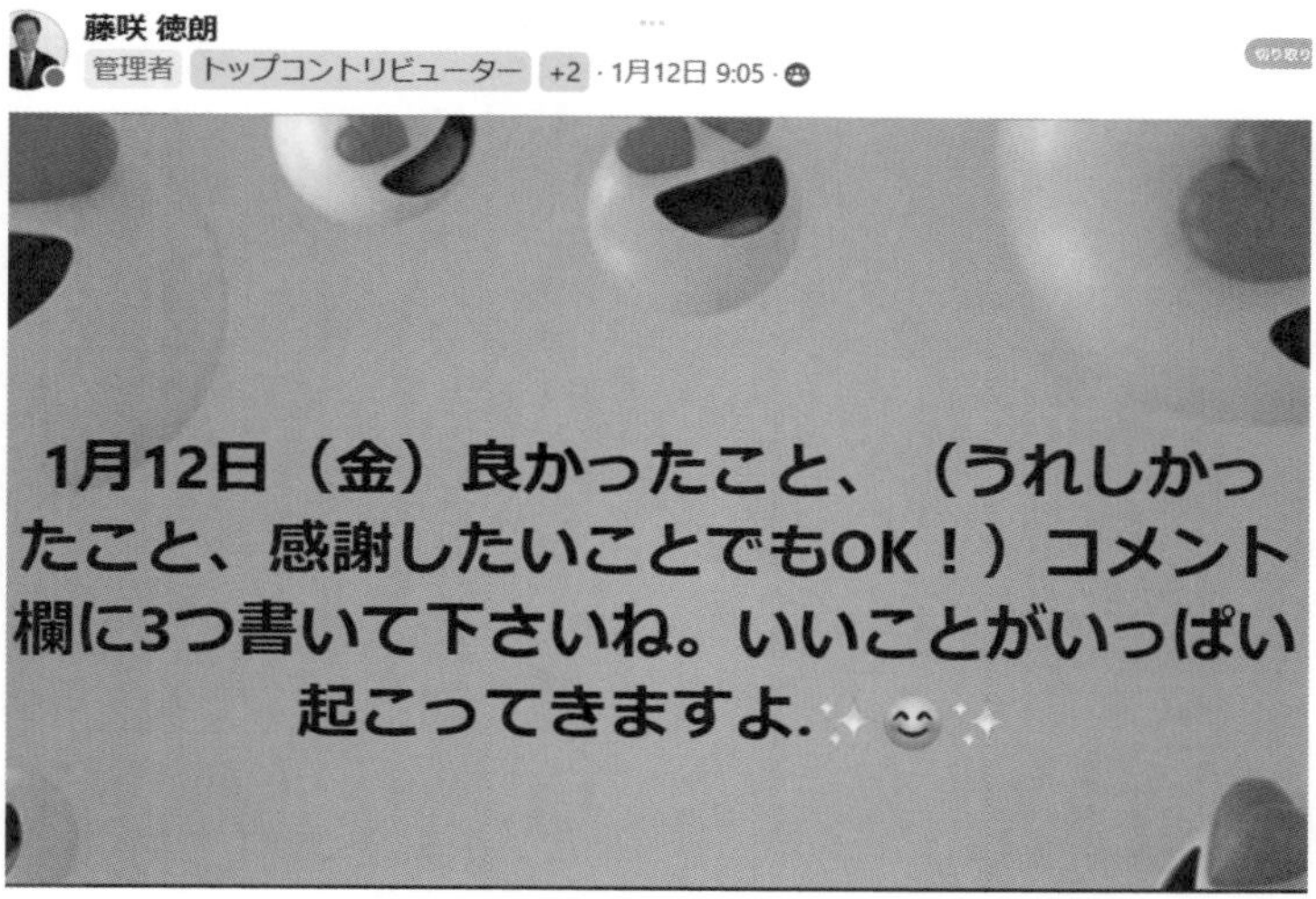

藤咲 徳朗
管理者
トップコントリビューター
+2 · 1月12日 9:05 ·
1月12日（金）良かったこと、（うれしかったこと、感謝したいことでもOK！）コメント欄に3つ書いて下さいね。いいことがいっぱい起こってきますよ.

実だけの列記の感情のないよかったことになります。これだとほとんどよかったことを書く効果がありません。

●グループで投稿する

私はＦＢグループをつくって、そこに投稿し合うやり方を取っています。毎朝、私が今日の日付とメッセージを入れたスレッドを立ち上げています。そのスレッドのコメント欄に参加者が今日のよかったこと３つを書き込んでいくのです。

そして、誰かが書いた３つのよかったことに、返信で他の人がコメントを返しているケースもあります。誰かが、「今日は、おはぎをつくったのがよかったこと」と書いたら、「おはぎつくりがんばりましたね。私もおはぎ好きです」とコメントを返しているのです。

【ＦＢ３つのよかったこと投稿事例】

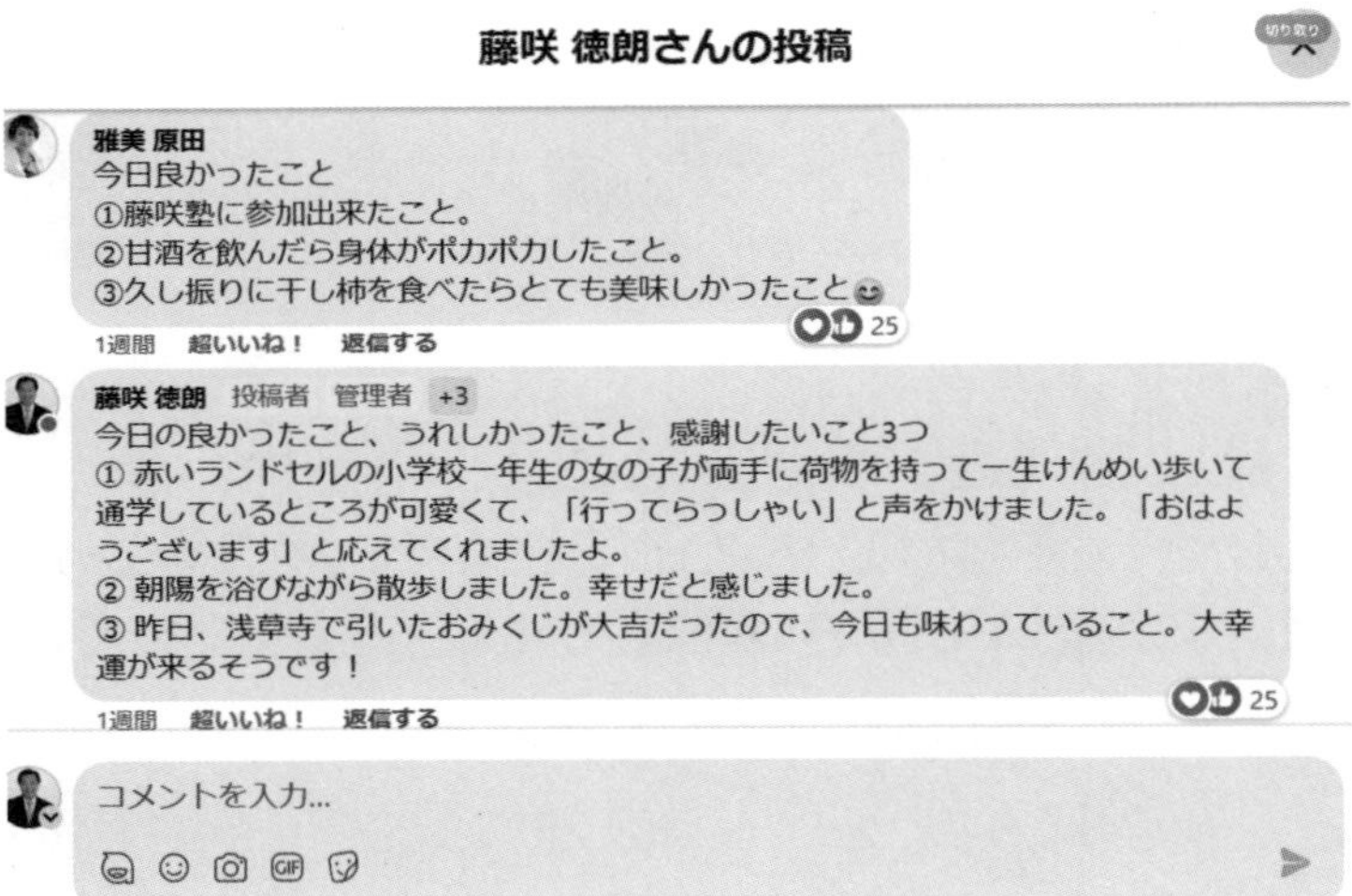
藤咲 徳朗さんの投稿
切り取り
雅美 原田
今日良かったこと
①藤咲塾に参加出来たこと。
②甘酒を飲んだら身体がポカポカしたこと。
③久し振りに干し柿を食べたらとても美味しかったこと
25
1週間　超いいね！　返信する
藤咲 徳朗　投稿者　管理者　+3
今日の良かったこと、うれしかったこと、感謝したいこと3つ
① 赤いランドセルの小学校一年生の女の子が両手に荷物を持って一生けんめい歩いて通学しているところが可愛くて、「行ってらっしゃい」と声をかけました。「おはようございます」と応えてくれましたよ。
② 朝陽を浴びながら散歩しました。幸せだと感じました。
③ 昨日、浅草寺で引いたおみくじが大吉だったので、今日も味わっていること。大幸運が来るそうです！
25
1週間　超いいね！　返信する
コメントを入力...

よかったことの感情をお互いに味わえます。そして、コメントを読んでいる他の人も、うれしい気持ちになることができるのです。

　このようにグループで行うメリットは、他の人のよかったことを読んで味わえることです。他の人のよかったことを楽しむことで、楽しむ世界が広がって行きます。自分自身の楽しむ感情を高めることができます。

　そして、グループで行うメリットの最大のものは、毎日書いているグループメンバーのことが好きになるので、自分自身も継続する意欲が高まることです。

　好きな誰かがよかったことを書いていると、私も書こうという気持ちになります。たとえ、1日2日書けない日があったとしても、また、書き始めることもできます。

　これはザイアンスの法則が働くからです。人

は知らない人には攻撃的、冷淡な対応をします。人は会えば会うほど好意を持つようになります。人は相手の人間的な側面を知ったとき、より強く相手に好意を持つようになります。

３つのよかったことをグループで書くと、グループの仲間たちにザイアンスの法則により好意を持つことができます。もっと親しくなりたい、自分のことも知ってもらいたいと思う気持ちが湧いてきます。だから継続しやすいのです。

そして、このようなグループは、個々の関係がよくなるので、読んでもらいたいと思ってよかったことを書くようになります。さらに３つのよかったことの効果が高まります。

ＦＢグループだけでなく、ＬＩＮＥグループで友人たちを集めて３つのよかったことを行っている人もいます。家族のＬＩＮＥグループでよかったことを共有している方もいます。グループで行う際の進行役としてのファシリテーターの役割がカギになります。

●ファシリテーターがグループ運営をうまくいかせる7つのコツ

３つのよかったことファシリテーターの役割はメンバーが投稿しやすい場をつくり、参加者の投稿を引き出すことです。投稿内容を正しい方向に整理して、投稿について批判・否定をしないで見守るのもその役割です。その役割を果たすために運営をうまくいかせる７つのコツがあります。

①目的、価値観にあったグループメンバーを集める

成果、お金、愛、感謝、自己実現、学び、自己成長など、ファシリテーターが何を目的している

【ＬＩＮＥグループの３つのうれしかったこと投稿事例】

かがグループ運営でとても大切です。それに合う仲間を集めると、その目的に沿って個々の目的も達成されやすくなります。

たとえば、目標達成や売上獲得を目的に集まったグループだと、成果の投稿が多くなります。誰もが自分の成果を報告して、それについて賞賛を求めるグループになるのです。その目的に合う人はよいのですが、合わない人は３つのよかったことを書かなくなります。目的が混在して、それぞれがバラバラのグループだと書く人が限定されてきます。

共通した目的・価値観で集まった人を集めて、３つのよかったことを行うとうまくいきやすいです。投稿が活発になります。私の場合は、「愛と感謝で満ちあふれた思いやりと笑顔のあふれる人たちを増やし、愛とまごころと感謝の世界をつくる」このような価値観に沿った人たちを集めました。投稿が愛と感謝に満ちあふれていて、心地のよいＦＢグループになっています。

②人数の上限を決める

経験値だけれど、ＦＢグループの人数の上限は50名です。それ以上になるとグループとしての一体感がなくなります。最低人数として5名程度は必要です。

人数が多く集まった場合は、それぞれが書くさまざまなよかったことを自分のことのように体験できます。多くの学びや気づきを得ることができます。そして、たまに書くことを休むことがあってもプレッシャーは感じません。

人数が少ない場合は、密度が濃くなります。毎日のように全員が投稿しています。投稿を休めないプレッシャーを感じるので、心地よいプレッシャーになるようにファシリテーターが配慮しなければなりません。

LINEグループのケースは適正人数が5名～8名です。FBグループとの違いは、絵文字や写真が活発に投稿されることです。活発なグループは、ほぼ毎日のように全員が投稿し、1人の投稿に対して全員がコメントと絵文字を返しています。

また、LINEグループのケースだと1対1の交換日記のような感覚で3つのよかったことの交換をしている人もいます。うまくいっているそうです。

③サーバント型リーダーシップを取る

ファシリテーターは参加者が投稿をやりやすいように運営をしていきます。縦方向のライン式のマネジメントをすると、運営がうまくいかなくなります。みんなを支えるサーバント型リーダーシップを取りましょう。

また、参加者1人ひとりを思いやる時間を取るようにしましょう。たとえば、「最近、投稿していないけれど、どうしたのかな」と、その人のことを考える時間を取るのです。その後に、メッセージを送ってもいいですし、考える時間を取るだけでもよいのです。思いやりの心の声が届くことがあるからです。

④グループの目標よりも、メンバーの自己成長と幸せ感の達成に重点を置く

参加者の幸せ感よりもグループの目標が優先されてしまうケースがあります。幸福感を得るという3つのよかったことの本来の意図から逸脱してしまいます。

たとえば、目標達成型のグループになると、メンバー1人ひとりの幸せ感の達成よりも、グループの目標達成に重点を置いてしまうのです。うまく調整するのがファシリテーターの腕の見せ所になります。

⑤安全・安心の場づくりをするためにグループ投稿のルールをつくる

グループの投稿のルールはつくっておきましょう。私はファシリテーターとして次のようなルールをつくっています。

・１日１回の投稿が原則（ただし、書けないときは休んでよい）
・３つのよかったことが書けないときは１つでもよい
・自分のビジネスの宣伝を目的とした投稿はしない
・不平不満など読んだ人の気持ちが暗くなる投稿をしない
・人を傷つけるような投稿はしない
・政治的な投稿はしない

全体的にはゆるく管理をしていますが、このルールから外れたケースは、投稿の文章を削除することもあります。ファシリテーターは、方向を示すという役割と模範となる役割を果たさないとなりません。よかったことは極めて個人的なものばかりです。安全・安心な場でなければ、それを書いて投稿できません。

また、ファシリテーターは肯定的なコメントを書く模範を示しましょう。モデルとなって見本となることが欠かせません。ファシリテーター自身が、みんなが「にこっ」と笑顔になれるような投稿やコメントを書くと、安全・安心の場がつくられていきます。

⑥肯定的な自己開示をする

家庭のこと、自分の環境など自己開示をすると相手との距離が近くなります。肯定的な自己開示が大切です。

自己開示というと、大変だったこと、苦労したことを話す人がいます。そうでなく、肯定的な何気ない自己開示をするのがポイントです。親しくなるスピードが人によって違います。初対面の人から暗い家族の問題の自己開示をされても、読む人が困ってしまいます。

そして、自己開示の強要は逆効果です。人はやりすぎだと感じると素直に反応ができなくなります。ついていけなくなって、その場から離れようとする傾向があります。少しずつ親しくなるステップを踏むことです。

感情をあらわにした失敗事例や成功事例の自己開示は、お互いのラポールが十分なケースだといいのだけれど、そうでないケースは、相手に違和感や不信感を持たれるケースがあります。

⑦肯定的なストロークをする

「いいね」ボタンを押して、肯定的なストロークのコメントをしましょう。ただあること、生きていることがよかったことという存在承認をするのが基本姿勢です。人の不安要因はさまざまですが、共通するのは自分が存在するコミュニティー・組織・チームで必要とされているかどうかです。

この不安を軽減するためには、「受け入れられている」、「このコミュニティーにいてよかった」と、

【褒め言葉セミナーでの最近うれしかったことワーク】

思ってもらえる存在承認を伝えるのです。

以上がファシリテーターの７つのポイントです。

そして、そのようにして親しくなった人たちとは、対面して会えるような機会をつくるといいでしょう。

ふだん、ＦＢグループやＬＩＮＥグループだけの関係になっているはずです。定期的に会って、一緒に学び、遊ぶ時間が３つのよかったことの質をさらに向上させてくれます。その人が使っている言葉の意味、価値観、生き様が対面で会って話をすると深く理解できるからです。

ちなみに、私のグループでは、毎月、定期的に開催している褒め言葉セミナーなどにグループのメンバーが参加してくれています。そこでは、最近のうれしかったことを話すことからスタートしています。笑顔満開のセミナーになっています。

また、一緒に国内旅行に年に2回ほど行っています。最高にすてきな時間を共有することができています。

【対面での褒め言葉トランプワーク】

【温泉旅行での宴会】

●ＦＢグループの心がまえ10か条

私は次の10個の心がまえを常に、ＦＢグループの３つのよかったことの参加メンバーに伝えています。

①相手に思いやりをもつ
②相手に笑顔と優しいまなざしで行う
③相手をかけがえのないくらいに大切に思う
④相手を応援する
⑤相手の気持ちになる
⑥相手がうまくいかなかったとしても頑張ったことを褒める
⑦相手を明るく元気にする
⑧相手の未来に希望や夢を与える
⑨相手と一緒にいることを楽しむ
⑩相手に感謝の気持ちを持つ

誰もが、この10か条を守っているので、思いやりと感謝にあふれたグループがつくられています。このように大切な心がまえを伝えるのもファシリテーターの果たすべき役割です。そして、これに沿ってグループには何人かのフォロワーシップの役割を果たしてくれる人をつくっていくのです。

ファシリテーターと同じ心がまえで３つのうれしかったことを投稿してくれて、他の人のうれしかったことを賞賛するコメントを書いてくれる人を育成するのです。

●グループ投稿のコメントで気をつけること

グループで3つのよかったことを誰かがシェアしても、まったく無反応の人もいます。相手のよかったことに気づけない人です。もしくは相手のよかったことに嫉妬心を持つ人です。いつも誰かと比べて生きてきた人は、他人のよかったことは自分のよくないこととして、嫉妬心を持つのです。相手のよかったことを喜べないと、相手の不幸を願う心が出てきます。不幸を願う心は自分に返ってきます。潜在意識は主語を理解しないという原則があるから、自分に不幸を引き寄せてしまうのです。相手のよかったことを素直に喜ぶことが自分に幸福をもたらしてくれるのです。

一流のプロゴルファーたちは、ライバルのパッティングのときに、「入れ」と願うそうです。たとえ、ライバルが外したら自分が優勝するようなケースでも、「入れ」と願うそうです。相手の成功を願う気持ちがあるから、自分も成功できて、一流のプロゴルファーになれたのです。

また、コメントで褒めて相手から何かをもらいたいというような人は、褒められた人から見透かされてしまいます。その褒め言葉が嘘だったと思われてしまいます。心から、相手のことを思っている愛情や思いやりが入った言葉で、コメントで書くのです。褒めるとは、見返りなど、もらおうと思わないで行う行為です。もし、もらえたとしても、それは相手の喜びの笑顔くらいなのです。

しかし、その相手の笑顔は、褒めた人にとっても最高の喜びになります。笑顔の連鎖があったとしたら、いつも、そのきっかけとなっている最初に誰かを褒めている人が、一番の笑顔のよい人になっているでしょう。

コメントを書くときに参考になる心構えがあります。デール・カーネギーの書いた「人を動かす」からの引用です。

「相手を褒めることで、私が何かを期待していた!! 何たることを言うんだろう!! 他人を喜ばせたり、褒めたりしたからには、何か報酬をもらわねば気がすまぬというようなけちな考えを持った連中は、当然、失敗するだろう」

もう1つ、こちらもデール・カーネギーの「人を動かす」からの引用です。

「お世辞は分別のある人には、まず通用しないものだ。お世辞というものは、軽薄で、利己的で、誠意のかけらもない。それが通用しなくて当たり前だし、また、事実、通用しない。結局のところ、お世辞というものは、利益よりむしろ害をもたらすものだ。お世辞は偽物である。お世辞と感嘆の言葉とは、どう違うか。後者は真実であり、前者は真実ではない。後者は心から出るが、前者は口から出る。後者は誰からも喜ばれ、前者は誰からも嫌われる」

●フォロワーのコメント事例

コメントの返信事例を紹介します。

「明日のセミナーの講師の練習のために10名が入れるカラオケルームの特別室を借りたこと」と

【フォロワーの感謝のコメント事例】

コメント

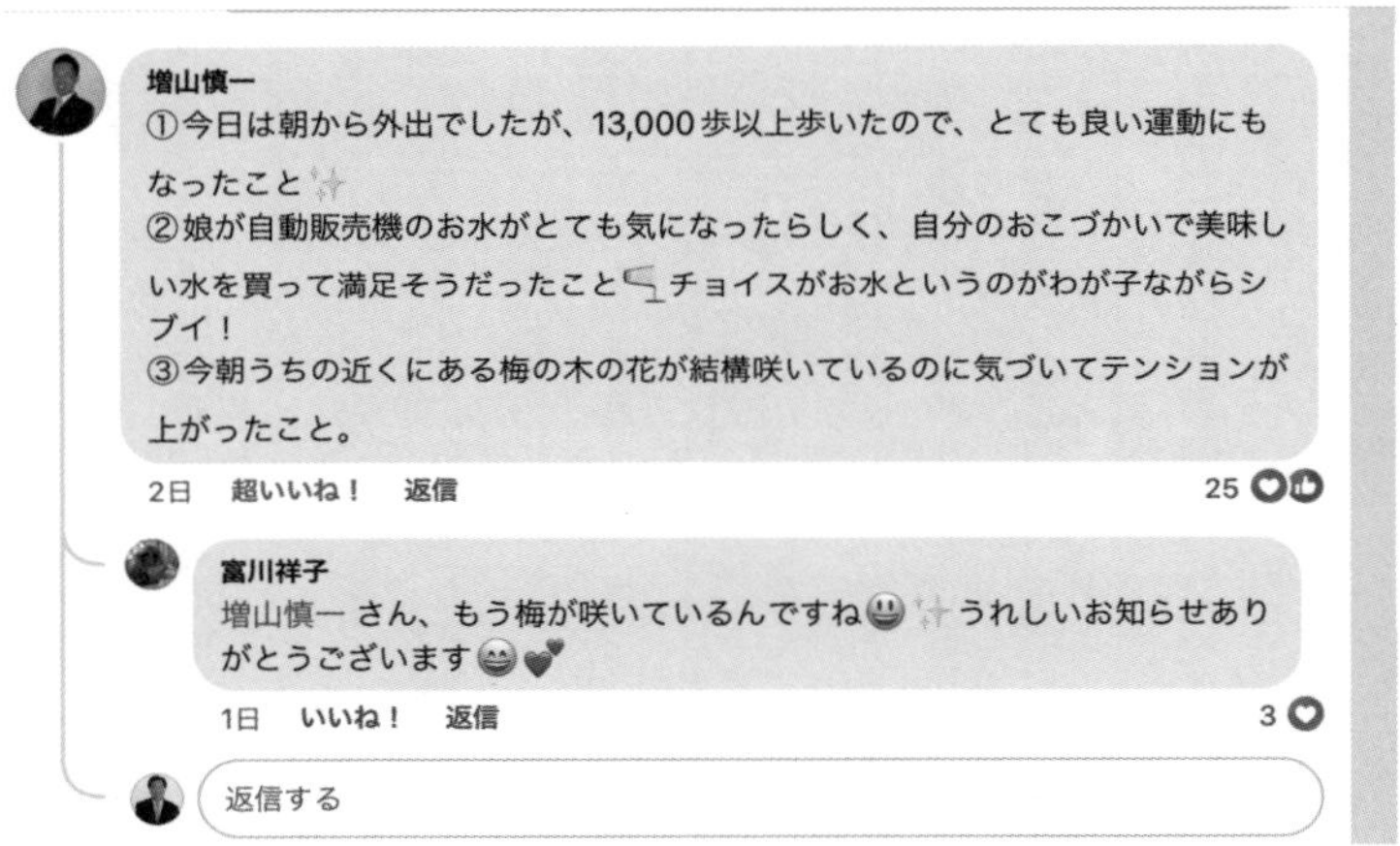

増山慎一
①今日は朝から外出でしたが、13,000歩以上歩いたので、とても良い運動にもなったこと
②娘が自動販売機のお水がとても気になったらしく、自分のおこづかいで美味しい水を買って満足そうだったこと チョイスがお水というのがわが子ながらシブイ！
③今朝うちの近くにある梅の木の花が結構咲いているのに気づいてテンションが上がったこと。
2日 超いいね！ 返信
25
富川祥子
増山慎一 さん、もう梅が咲いているんですね うれしいお知らせありがとうございます
1日 いいね！ 返信
3
返信する

書いている人がいました。コメントは「カラオケ屋さんでセミナーの練習！　よいですね♪」とありました。それに対して、「そうなんです。マイクが使えるから本番に近い環境です」と書いた人が返しています。

他の人が、「セミナーの練習でカラオケルーム懐かしいです」と書いています。本人は「同じ体験をしたのですね！　いい体験ですよね」と返しています。お互いが共感しあっています。

他にも、「夫の誕生日お祝いを子どもたちと一緒に行うことができたこと。夫が、元気でやさしい子どもたちに育ってくれたのはママのおかげと言ってくれたこと」と本人が書いたら、コメントで「ママのおかげって最高のほめ言葉ですね。ラブラブな夫婦に乾杯！」、「夫の言葉がうれしくて泣いちゃいますね」という返信がありました。

このように相手の表情や感情を感じながらのコメント返信をすると、３つのよかったことの効果が高まります。

そして、コメント返信で喜ばれるのは、ありがとう＋肯定語の感情を入れた言葉です。いくつか例示します。

１「ありがとうございます。さすがです！」
２「ありがとうございます。感謝します」
３「ありがとうございます。勉強になります」
４「ありがとうございます。助かりました」
５「ありがとうございます。嬉しいです」
６「ありがとうございます。楽しかったです」
７「ありがとうございます。感激しました」

うまくいっているグループはメンバーのほとんどがフォロワーになって、ありがとう＋肯定語の感情を入れた返信を書いています。「ありがとうございます。お月様が綺麗なのですね。最近見ていませんでした。教えてくれて感謝します」、「『髪切ったの可愛くなったね』と妻に言うといいのですね、ありがとうございます。勉強になりました」などです。

コメントの返信は、ありがとう＋肯定語の感情を入れると相手を笑顔にすることができます。

日常会話でも人に好かれるコツなので、これが習慣化できたら幸運の扉を開くことができます。

2　ファシリテーターは幸せを伝える人

●足るを知る（今の幸せを知る）人が幸せな人

自己肯定感と似た言葉として、自己重要感という言葉があります。

自己肯定感や自己重要感という言葉の意味は、専門家によってさまざまな捉え方があると思っています。私は次のように思っています。

人の存在の根底には、自己肯定感があり、自己肯定感の上に自己有能感というものがあって、両方合わせたものが自己重要感だと考えています。自己重要感が満たされない人は求め続けます。たとえば、幼い時代に貧乏で苦労した体験がある人が大成功して富を得たとします。しかし、それに満足せずにさらに富を増やすことに人生を使おうとするのです。

自己重要感が満たされていない人は、このように求め続けるのです。求め続ける人生になります。足るを知る、自己重要感の高い人は、このことをわかっています。これは、現状に妥協して、チャレンジしないことではありません。今の幸せに気づくことです。

今が幸せだと気づいたとすると、イメージしたとおり幸せになり、さらに幸せな人生になるのです。今が不幸だから、幸せを目指そうと思っていると、実は今の不幸をイメージしてしまいます。すると、イメージしていたとおりに不幸がやって来るのです。

幸せがそばにあることに気づくことができる「青い鳥」の童話があります。次の童話です。

むかしむかし、あるところに、貧しい二人の子どもがいました。お兄さんの名前はチルチル、妹の名前はミチルと言いました。クリスマスの前の夜のことです。二人の部屋に、魔法使いのおばあさんがやってきて言いました。「私の孫が、今、病気でな。幸せの青い鳥を見つければ病気はなおるんじゃ。どうか二人で、青い鳥を見つけてきておくれ」、「うん、わかった」チルチルとミチルは鳥カゴを持って、青い鳥を探しに旅に出ました。チルチルとミチルがはじめに行った国は、『思い出の国』でした。二人はこの国で、死んだはずのおじいさんとおばあさんに出会いました。「人は死んでも、みんなが心の中で思い出してくれたなら、いつでも会うことができるんだよ」おじいさんは、そう言いました。そして、チルチルとミチルに、この国に青い鳥がいることを教えてくれました。ところが、『思い出の国』を出たとたん、青い鳥は黒い鳥に変わってしまいました。

チルチルとミチルは、つぎに病気や戦争など、いやなものがいっぱいある『夜のごてん』に行きました。ここにも、青い鳥はいました。でも、つかまえて『夜のごてん』を出たとたん、青い鳥はみんな死んでしまいました。それから二人は『ぜいたくのごてん』や、これから生まれてくる赤ちゃんがいる『未来の国』に行きました。どこにも青い鳥はいましたが、持ち帰ろうとすると、みんなだめになってしまうのです。

「さあ、起きなさい。今日はクリスマスですよ」お母さんの呼ぶ声が聞こえました。目を覚ますと、二人は自分たちの部屋のベッドの中にいました。青い鳥を探す旅は、終わったのです。チルチルとミチルは、とうとう青い鳥をつかまえることができませんでした。でも、チルチルとミチルが、ふと鳥カゴを見ると、中に青い羽根が入っているではありませんか。「そうか、ぼくたちの飼っていたハトが、ほんとうの青い鳥だったんだ。しあわせの青い鳥は、ぼくたちの家にいたんだね」二人は、お互いに顔を見合わせて、ニッコリしました。魔法使いのおばあさんは二人に、幸せは、すぐそばにあっても、なかなか気がつかないものだと教えてくれたのです。

あなたの幸せはどこにありますか？　もしかしたら、すぐそばにあるのかもしれません。あなたの願う幸せが、毎日の生活で実現できているのかもしれません。

たとえば、もし、今の現実が一瞬で消え去ってしまったら……。今、目の前にいる家族がいなくなってしまったとしたら……。そんなことを想像すると、かけがえのない日々の生活が幸せだったと、気づくことができるでしょう。

●幸せとは、今、すでに幸せに囲まれていることに気がつくこと

今の幸せに気づく素敵なお話があります。阿部敏郎さんが書いた「さとりの授業」という本の中に出ているお話で、タイトルは悪魔会議です。

あるとき悪魔会議が開かれました。人間をいつまでも不幸にしておくために、人間が決して神の

子だと気づかないように、一番効果的な方法を人間界に用いてきた悪魔を、次の悪魔大統領に任命しようというのです。

現職の悪魔大統領が候補の３人の悪魔に聞きました。

「お前たちは、人間界で何をやってきたか」

１人目が答えました。

「私は新種のウイルスをまき散らしてきました。エイズウイルスと鳥インフルエンザと豚インフルエンザです。狂牛病も付け加えておきました。欲深い人間どもが、肉を食し性欲におぼれる限り、これらの恐怖から逃げられません」

悪魔たちから拍手と歓声が沸き、続いて２人目が答えました。

「私は人間どもに暴力と破壊の楽しさを教えてきました。映画やゲームのような娯楽に悪魔性を吹き込んで、子どものころから洗脳し、無差別に人を殺してもなんとも思わなくなる大人を養成できるようにしてきました」

ブラボー！　会場はさらに盛り上がりを見せました。

そして、３人目が答えました。悪魔のなかでも一番賢く、期待の星でした。

「私は聖者になりすまし、彼らの前に立って言いました。『あなたは神の子だ』と」会場に動揺が走りました。しかし、悪魔は続けました。

「どんなに苦しくても頑張るのだ。堪え忍びなさい。そして希望を持ちなさい。より高き自分を目指し、神に近づくのだ。いつの日か、完全な自分になった暁には、自分が神の子だったことを知るだろう」

会場は騒然となりました。一番期待されていた悪魔が、自分たちを裏切るとは……。

しかし、現職の悪魔大統領は言いました。

「人間はいずれウイルスも暴力も制御してしまうだろう。しかし、3人目のおまえこそ完璧に仕事をやってのけた。これで人間が神の子だということを知る日は永遠に来ない。彼らは永遠に自分を高め続け、永遠に神にあこがれ、永遠に『いつの日か』を待ち続けることで、今の幸せに気づくことがなくなるであろう。よくやった！　お前こそが次期大統領だ」

人間を不幸につなぎとめているのは、「いまの自分は幸せでない、いつの日か幸せになりたい」という思いを持ち続けていることかもしれません。

本当の幸せとは、何かを想定して、それが手に入ったら幸せなのではありません。幸せとは、すでに幸せに囲まれていることに気がつくということなのです。朝起きて、目が見えること、耳が聞こえること、歩けること、ご飯が食べられること、今この瞬間が幸せだと思える人が、幸運を引き寄せる人なのです。

●感謝シートが幸運を引き寄せる

どのような状態にあっても自分を見失わず、豊かさを感じることができるようになるカギは感謝にあります。感謝が人生の満足度や幸福度を高めてくれます。感謝が幸運の引き寄せの土台になると言っても過言ではありません。ないものにフォーカスするのをやめて、感謝の気持ちで今あるものにフォーカスすることは引き寄せに大きな効果があります。

感謝シートを書いてみませんか？　あなたがたくさんの感謝すべき人に恵まれているのかがわかります。

感謝シートは、自分を中心にしてこれまで自分に関わってくれた人の名前を書き出すシートです。お世話になった人、助けてくれた人、教えてくれた人を書き出していきます。分類は、ご両親、友達、会社の同僚・先輩・部下などです。書き出していくと、たくさんの方々のお世話があったから、今の自分がいたことに気づくことができます。名前がなかなか書けない人は、感謝のハードルを低くしましょう。どんな小さなことも「ありがとう」の気持ちを持つと感謝で満ちあふれた人生になります。

そして、たくさんの名前を書いた人は、名前を書いた人たちに「ありがとう」を伝えてきたか考えてみましょう。ほとんどの人に感謝を伝えていなかったことに気づくでしょう。

感謝を伝えすぎて不幸になった人はいません。しかし、伝えなくて不幸になっている人は多いのです。

感謝神経を磨いて、すぐに感謝を伝える人になりませんか？　おかげさまの謙虚さを持って感謝を伝える人が幸運を引き寄せる人です。

【感謝シート】

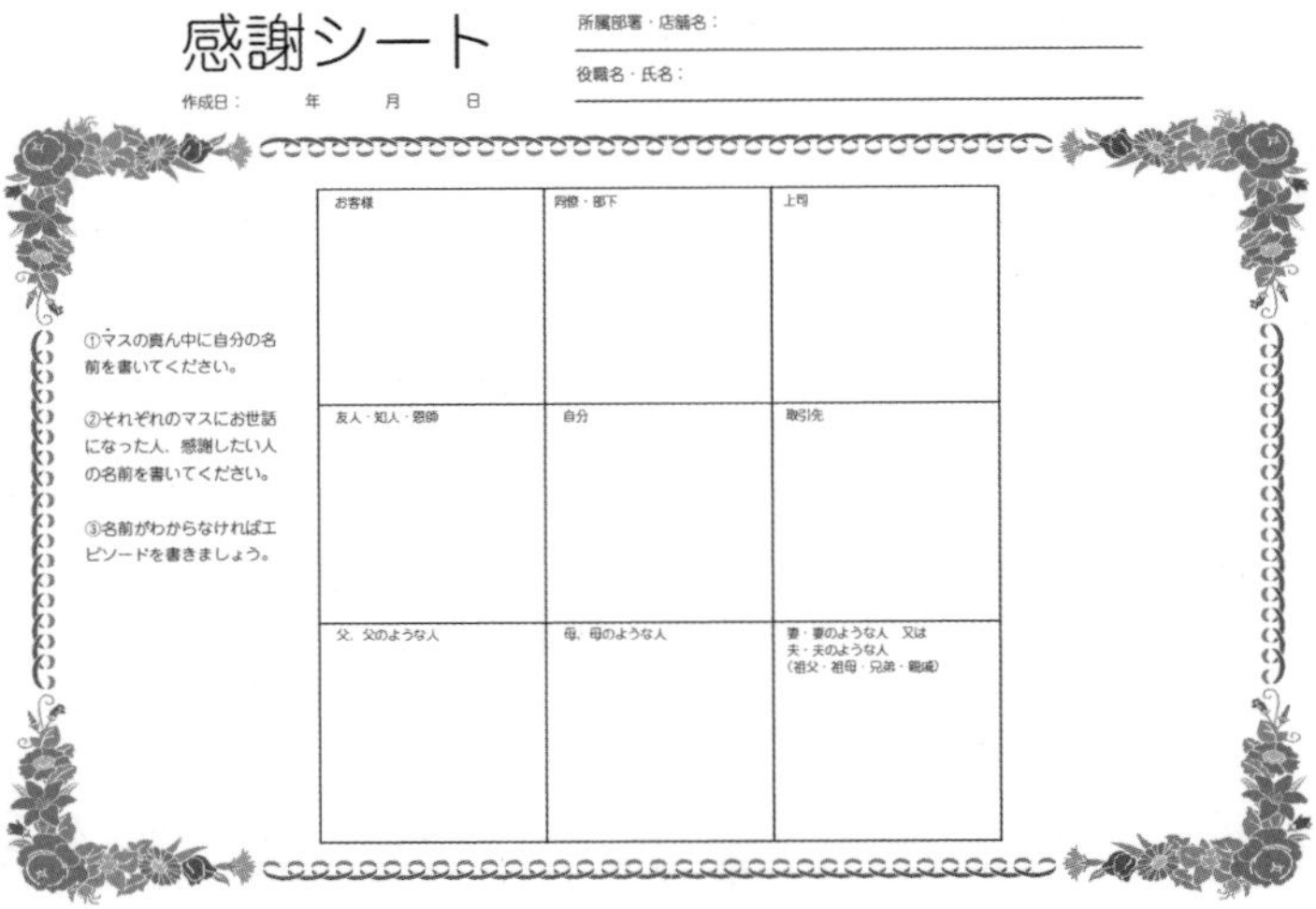

感謝シート

所属部署・店舗名：

役職名・氏名：

作成日：　　年　　月　　日

①マスの真ん中に自分の名前を書いてください。

②それぞれのマスにお世話になった人、感謝したい人の名前を書いてください。

③名前がわからなければエピソードを書きましょう。

お客様	同僚・部下	上司
友人・知人・恩師	自分	取引先
父、父のような人	母、母のような人	妻・妻のような人　又は 夫・夫のような人 （祖父・祖母・兄弟・親戚）

能力開発の権威の西田文郎先生がどんな人が不幸なのかを教えてくれています。

①決して素直に「ありがとう」を言わない人

②「ありがとう」と言っても、恩返しをしない人

③「ありがとう」を唱えただけで、恩返しはできたと思っている人

感謝はしっかりと言葉にして伝えないと、伝わっていません。そのことを私は、「目は口ほどにものを言わない」と教えています。思っていること、感じていることも、言葉として表現しないと伝わっていないのです。

その気持ちをしっかりと言葉にして表現しませんか？

●3つの感謝のレベルがある

感謝には3つの感謝のレベルがあります。

第1は、何かをしてもらってありがとう
第2は、当たり前のことにもありがとう
第3は、困難や問題にもありがとうの3つです。

第1の何かをしてもらってありがとうは、誰もが行っています。しかし、大人になったら、これだけでは足りません。このありがとうは、もらってばかりのありがとうだからです。他の人に何かをして「ありがとう」を言われる人、それが大人です。

第2の当たり前のことにも「ありがとう」が言える人は感謝で満たされている人になります。通常は、当たり前のことは感謝の気持ちが湧いてこないので、「ありがとう」は言わないでいます。会社だと、上司が部下に指示をしたときに、それに応えて仕事が完了したとしても、部下に「ありがとう」は言わないケースがほとんどかもしれません。

このようなケースでも「ありがとう」が言える上司になりませんか？　家庭でも親にしていただいたことを子どもは当たり前だと思っています。視点を変えると、当たり前でなかったことに気づくことができます。

夫婦関係については、小林正観さんが、「宇宙一がんばらない幸せの法則」という本でこう言っています。「夫婦喧嘩をする人は、これは自分の妻だ、これは自分の夫だという誤解をしています。その人は、自分の身内であるから、何を言ってもいいと思っている。夫も妻も、この人はもともと他人なんだと認識する。もともと他人だと思うと、『どこのどなたかも存じませんが、他人なのに、いつもありがとうございます』と手を合わせて感謝しようという気持ちが芽生え、夫婦関係はうまくいくと思います」

見ず知らずの他人が、毎月、お給料を渡してくれる。見ず知らずの他人が家事や育児をやってくれる。そう思うと感謝の気持ちが湧いてくるはずです。当たり前のハードルを下げませんか？　当たり前を感謝に変えると、幸運を引き寄せる心の土壌ができてきます。

また、夫婦関係については、社会教育学者の森信三先生はこのように述べています。

「夫婦は相手をコトバによって直そうとしないで、相手の不完全をそのまま黙って背負ってゆく。互いの不完全なところをいたわりあって人生を互いに手を取り合って渡っていくものでしょうね」

第3の困難や問題にも「ありがとう」が言える人は、成長できる人です。困難や問題に立ち向かうから成長できるのです。能力や技術の向上もできるのです。3つのよかったことを書いていると、困難や問題に立ち向かえることもよかったこととして理解できるようになっていきます。だから、奇跡的なことが起こって来るのです。

また、文句を言う人、自分の邪魔をする人、嫌な人がいることも幸せに感じることができたとしたら、究極の幸せな状態かもしれません。〝生きていることそのものを楽しむ〟そんな気持ちになれたとしたら最高の幸せなのです。

パワハラを受けて会社を辞めて、社会保険労務士として独立された方が、このようなことを話していました。

「パワハラを受けて会社を辞めたときは、世界で一番不幸だと思っていました。パワハラをした社長を恨んでいました。会社を辞めてどうやって生きていけばいいか不安な日々を送っていたときに社会保険労務士の資格に出会いました。試験にチャレンジして、合格して独立できました。今は多くのお客様に喜んでいただける仕事をしています。これもパワハラをしてくれた社長のおかげです。私が人生で一番、感謝しないとならない人は、パワハラをしてくれた社長だったのです。人生の幸運を引き寄せる転機をプレゼントしてくれたからです」

そして、ある中学生の息子さんがお父さんに、こんな話をしたそうです。

「お父さん、幸せなときって何も感じないかもしれないね。何気ない日常が幸せなのかもしれないね」

誰もが気づいていないけれど、今が幸せなのです。たとえば、本書を読んでいるこの瞬間が幸せなのかもしれません。そして、家族がいること、友人がいること、とても幸せなのです。理想の1日はふだんの日常生活。幸せな1日は何気ない日常生活なのかもしれません。

前述した映画「素晴らしき哉人生」のあるシーンがあります。それは、主人公が生まれてこなかった世界を体験して、今の家族も友達もいない世界のさびしさを味わいます。そのときに、もう一度人生をやり直すチャンスをもらった主人公が、酒場でケンカしたときの唇の傷の痛みを感じて喜んでいます。借金で破産寸前の状況も生きているから体験できると大喜びしているのです。

人生の喜怒哀楽、そのすべてを楽しむことができたとしたら最高の幸せなのです。

3　自分の人生に奇跡を起こす人になる考え方

●自分の人生のストーリーは自分で決める

人生のストーリーは誰がつくっているのでしょうか？　未来は既に決まっていて自分はレールの上を歩いているだけなのでしょうか？　そうではありません。人生のストーリーは自分でつくることができるのです。

ただ、自分はどんな人生にしたいのか、どこに行きたいのか自分で決めていないと、どこにも行くことができません。たとえば、エレベーターに乗ったときに、行先ボタンを押さないでいたら、そのままエレベーターは止まったままです。自分の人生で自分の行きたいところはどこかを決めないと、そこには、止まったままの自分がいるだけなのです。

そして、自分で選択する人生を歩んでいないと、そのエレベーターには他の人が入ってきて他の階の行き先ボタンを押します。そのまま、自分の行きたいところとは違うところに行ってしまうでしょう。

毎日、忙しく過ごしていると、自分の本当に大切なことを考える時間を取らないでいても気にならなくなっているものです。気にならないまま、一生を過ごしたとしたら、それは自分で行き先ボタンを押さないままエレベーターに乗っているのと同じことなのです。

それは、どんな人生になるのでしょうか？　西洋ではお墓には墓碑銘が書かれるそうです。「人生の大切なことを何も考えずに、ただ、忙しく毎日を過ごした○○ここに眠る」と書かれる人生になるでしょう。

人はこの世に何らかの使命を持って生まれてきたと言われています。しかし、生まれる瞬間に忘れるそうです。生まれてきたときに忘れてしまった使命を思い出す時間を取りませんか？　３つのよかったことを書くことがそのきっかけになるかもしれません。使命を思い出すと、生きているうちに、生まれ変わることになるのです。

ところで、エレベーターに乗っていて、両手がふさがっていてエレベーターボタンを押せないときにはどうしますか？　そこに誰かがいたとします。「○階お願いします」と頼むことはできますか？　自分の行き先がわかっていたら、行きたい場所へ連れて行ってくれる人にお願いして頼むことができます。自分１人でできることは限られています。頼める人、応援してくれる人がいると１人では無理だと思えることも、実現するでしょう。

しかし、行き先が決まっていなかったら、頼むことも応援をお願いすることもできません。すると、まわりの人に、流されるだけの人生になるのです。

これまでは流されて生きてきた人も、誰かの言うとおりに生きてきた人も、自分で行き先を決める人生にしませんか。すると、未来を自分でつくっていく人生になります。その方が楽しいですし、そして、後悔のない人生になります。

●自分の信念の9割は思いこみ

あいさつは家庭でも元気な声でするべきだという信念を持っている人がいます。家族はあいさつしなくても気楽なほうがいいという信念を持っている人もいます。両方とも、愛のある家族生活を送りたいと思っています。

しかし、信念（ビリーフ）の違いで争っているケースがあるのです。信念の違いで、お互いが争って愛のない生活になっているケースがあるのです。それが原因で、愛する人、大切にしたい人をなくすかもしれません。自分自身が、どんな信念（ビリーフ）を抱え込んでいるのかをつかんでおけば争いはなくなります。夫婦、親子の争いの原因のほとんどは、それぞれの持っている信念です。

職場でも同様の争いがあります。たとえば、会議などは決められた時間の10分前に待機しておくべきだという信念を持っている人がいます。それに対して、決められた時間に間に合えばいいという信念を持っている人がいます。お互いの信念をわかっていないと、仕事以外のところでの争いが起こっているのです。それが、仕事にも関係して、チームワークの悪い職場になるケースがあるのです。

信念をたくさん抱え込んでいる人は、人生がうまく行かない原因を相手の責任にする傾向が高いのです。対人関係がうまくいっていない人ほど、この傾向が高いのです。信念が本人の憲法、ルールになっているのです。そして、本人が裁判官になっています。その信念に沿った行動をしない人を自分の憲法で裁いていきます。家族も同様に裁いていきます。

大切な人とうまく行かない人は、もしかしたら、自分の信念で相手を裁いているからかもしれません。人生の目的は相手を裁くことではありません。愛のある人生を生きることです。

３つのよかったことを書いていると、自分の大切にしている信念に気づくことがあります。信念に沿った行動をよかったこととしていて、そうでないものはよかったことと認識していないからです。他の人のよかったことも自分の信念に合っていないと、よかったことと認識していないのです。信念という言葉にするから、大切に抱え込んで変えられないのかもしれません。信念＝思いこみと置き換えて、自分の信念を振り返ると、それは、独りよがりの〝思いこみ〟だったんだと気づくことができるでしょう。

人の大切にしている考え方の９割は思いこみなのです。人は自分の思い込みで毎日を生きています。それが幸せでしたらそのままでいいでしょう。

しかし、生き苦しいと感じるのでしたら、その思い込みは捨てたほうが楽に生きることができます。そうすると重い鎖から解き放されたような生きやすさを感じることができるはずです。

映画クリスマスキャロルで亡霊に連れていかれた主人公のスクルージが、体中に重い鎖が巻かれていて動けないシーンがありました。同じように自分のいくつもの思いこみの鎖でがんじがらめの人は、生きていくのが苦しいでしょう。自分の思い込みがあり過ぎて、そうでない人を許せないと不幸な人生になります。

自分の思いこみを捨てたら、愛のある人生を歩めるようになるのです。

●3つのよかったことで自分の価値観に気づく

価値観は私たちが無意識の深いレベルで持っている判断基準です。「愛と感謝と思いやりの人生を送りたい」という考え方もあれば「世の中に認められることが人生最大の喜び」という考え方もあります。人によって優先順位は違っています。「どう生きるのか」は価値観によって変わると言えるでしょう。

その人が何に価値を感じるかで大きく生き方は変化するものです。どのような価値観を持っていても、間違いとは言えません。しかし、違う考え方を持つ人と交流するには、相手の価値観を受け入れなければなりません。

「健康とお金だとどっちが大切ですか」を聞くワークをすることがあります。「健康」と言う人もいれば、「お金」だと言う人もいます。それぞれの価値観なので、否定するものではないと思っています。健康であれば、お金はそれほどなくてもよいという生き方で幸せであれば、問題ありません。そして、お金があれば、それほど健康でなくても幸せだと感じているのであれば、それでよいと思っています。自分の価値観をわかっていることが大切なのです。

たとえば、お金が大切だと言う人の理由は次のようなものでした。

「健康よりお金が大切です。子どもが2人いて小学生と中学生です。大学まで行かせてあげたいです。だから、私の健康よりも今はお金です。がんばって働いてお金をためています」

「私のおばあちゃんはガンです。特別な薬を使っています。治療にお金がかかります。だから、私のお昼はいつも抜いて治療費の援助をしています。おばあちゃんに長生きして欲しいからです」

理由を聞くと愛にあふれたものばかりでした。お金が大切だと言いながら、愛を価値観の最上位に持っていたのです。３つのよかったことを振り返ると、自分の大切な価値観がわかってきます。価値観に沿った行動をすると、パワーが出るので願望実現がしやすくなります。

そして、この価値観は、他の人と違っていいのだけれど、もう1つとても大切なことがあります。

自分の人生のジャンルごとに価値観を変えないと幸せになれないということです。ジャンルとは仕事、家庭、結婚生活、子育て、余暇、健康、旅行、趣味などです。

たとえば、仕事の価値観を家庭に持ってこないことです。ある夫の仕事の価値観は規律、スピード、チャレンジだったとします。仕事の価値観だと、これで成功しているのかもしれません。しかし、この価値観を家庭に持ってこられて、家族にもそれを押し付けられたら、たまりません。

会社が休みの日でも朝の7時に全員が起きて、急いでご飯を食べて、それぞれの課題にチャレンジさせるようなお父さんっていませんか？　その価値観のまま、思ったとおりに行動しない家族に「やる気がない！」、「根性がない！」って怒っているお父さんがいませんか？　妻から嫌われ、娘から無視されるようになります。息子は家に帰ってこなくなるでしょう。

価値観はジャンルごと、たとえば仕事と家庭で変えることができる人が幸せになれる人です。多くの人が1つの価値観ですべてに対応しています。このお父さんが家庭では、愛、感謝、思いやりの価値観で過ごすことができたら、仲のいい家族になるでしょう。

●運のよい人の持つ喜感力、愛感力、楽感力の3つの力

よかったことを毎日書くことができる人は運がよくなっています。そして、次の3つの力を持っています。3つのよかったことを15年間、グループで書き続けてきた中で発見したことです。

1つ目は「喜感力」です。「喜感力」は喜びを感じる力です。この力があると他人を喜ばせ、自分を喜ばせようと思いを巡らすのです。

よかったことを書いていて、自分自身が喜ぶと、楽しくなってどんどん書きたくなります。よかったことを書いていて、誰かを笑顔にしたことを思い出すと、喜びがあふれてきます。私たちの脳は、人を喜ばせると、自分のことのように喜びを感じるという不思議なメカニズムを持っています。だから、他人を喜ばせることを考えていると、心がウキウキ、ワクワクしてくるのです。すると、ひらめきがどんどん湧いてくるので、よかったことを自分からつくり出そうとします。

2つ目は愛感力があるかどうかです。愛を感じる力、つまり、誰かに思いやりや、やさしさをもらったら、大切にされている自分の存在がいとおしくなり、心もあったかくなり幸せだと感じる力のことです。また、自分自身も誰かに思いやりや優しさで接することができる力のことです。

この力がないと、3つのよかったことが、業務日報のような事実列記の感情のないものになります。愛とは相手、そして、自分を大切にする思いや行動です。愛感力のある人は、愛にあふれた3つのうれしかったことを書くことができます。

3つ目は楽感力です。どんなことも楽観的に見る力のことです。楽観的に見る人と、悲観的に見

る人では、よかったことを見つける力は、やはり楽観的に見ることができる人のほうが強いのです。未来に希望を持って、楽観的に今を見ると、よいことがどんどん見つけられるのです。

楽観的な人は短所でなく長所を見る習慣があります。だから、どんどん３つのよかったことを書くことができるのです。

１日の終わりに、３つのうれしかったことでなく、３つの嫌だったことならすぐに見つかる人もいます。嫌だったことを全部書き出して、ストレス解消をするという心の治療法もあります。このやり方は、ストレスは解消されるかもしれませんが、幸せ感を得ることはできません。

幸せ感を得るためにはストレスを思い出さなくてもいいのです。毎日のよかったことを思い出して、言語化するのです。言葉にすることで幸せ感を得ることができるのです。たとえば、あなたのよかったことを思い出して言語化すると、その言葉からイメージが湧いてきて記憶に残るのです。それが喜びの感情を沸き起こしてくれるのです。

●両親との関係改善をする「親孝行シート」

感謝の気持ちはご両親との関係をよくしてくれます。ご両親がこれまで自分にしてくれたことを、時代ごとに振り返る親孝行シートが役立ちます。

まず、親孝行シートに、自分の名前と年齢、ご両親の生年月日と年齢を書きます。その後に、赤ちゃんのころ、幼児のころ、小学生時代、中学生時代、高校大学時代、働くことになったころ、社会人になったころ、現在の８つの時代を振り返って、ご両親にしてもらったことを記入していきます。このように時代ごとに分けて思い出しながら書いていくと、たくさんのご両親に感謝すべきことがあったことに気づくことができます。

書き終わったら、ゆっくりとそのときのことを思い出していくのです。自分とご両親の姿や、話していたこと、感じていたことを思い出していくのです。自分の立ち位置だけでなく、ご両親の立ち位置になってどんな思いだったのか感じていくのです。子どもだったころはわからなかったことも、大人になった今ならわかるかもしれません。

もし、話を聞いてくれる人がいたら、自分の感じたことをペアになって、交代で生まれたときからのエピソードを話していくといいでしょう。話していくことで、エピソードだけでなく、そのときの感情を思い出すことができます。感謝の気持ちが高まって、話しながら涙ぐむ人もいるかもしれません。泣くことは決して悪いことでも恥ずかしいことでもありません。心の汚れを洗い流して自分自身の心を清らかにしてくれるのがこのようなときに流れてくる涙です。

この後に、どのような親孝行をすると喜ばれるかを考えます。毎日、優しい言葉を掛けて接することや、自分の誕生日には「自分を産んでくれてありがとう」の言葉をご両親に伝えることなどを思いつくでしょう。

さらに考えていくと、自分自身の生き方が親孝行に関係していると気づくことができます。自分自身が人から好かれる人間になること、生きていてよかったという人生を過ごすこと、どんなこと

【親孝行シート】

親孝行シート
所属部署・店舗名：
役職名・氏名：
作成日：　年　月　日

①マスの真ん中に自分の名前と生年月日を書いてください。

②ご両親の名前と生年月日を続けて書いてください。

③それぞれのマスに親に感謝するエピソードを具体的に書いてください。覚えていない赤ちゃんの頃は想像でかまいません。どの項目もできるだけたくさん書いてみましょう。

高校・大学時代	就職が決まった頃	社会人になってから
中学校時代	自分	最近のこと
小学校時代	幼児（小学校へ入る前）	赤ちゃんの頃

も一生懸命頑張っている姿をご両親に見せることが大切だと気づくのです。

親孝行シートを書いた人の感想を載せます。

「親孝行は、一緒に外食をすることや旅行に連れて行ってあげることなどだと思っていました。本当に親が喜んでくれることは何かをしてあげることだけではなく、自分自身が健康でいること、親より先に死なないこと、立派に成長していくことだと感じました。また、親孝行シートを書いていて両親に感謝するエピソードをたくさん思い出しました。迷惑をかけたこともいろいろあり叱られることもありましたが、思い返すととても大事にしてくれていたと思いました。本当に感謝です。お父さん、お母さんありがとう」

このような体験をすると、過去が大きく変わります。愛されて育った自分に気づくことができるからです。過去もよかったことにあふれていたことに気づくからです。

●ある食堂の話

「その食堂は約20年間、ただで食事を食べさせてくれました。希望すれば朝食も食べさせてくれました。仕事や友人関係で悩みがあると、相談にも乗ってくれました。病気になると、病院まで無理やり連れて行ってくれてお金も出してくれました。本を買うお金がないことがわかると、そのお金も出してくれました。学費で困っていることを察して、学費も出してくれました。友達と遊ぶお金がないと言うと、お小遣いをくれました。

どう、こんな食堂があったら最高の感謝するんじゃないかな?

神様のように感じると思う。

ところで、身近にそんな食堂があったことに気づかないかな?

親だよ……。

ご両親には感謝してきたかい? それを言葉で伝えたことがあるかい? どんなことも当たり前と思っていたんじゃないかい?

感謝の反対は〝当たり前〟……母の日、父の日、誕生日、いくらでもチャンスはあるのだから感謝を伝えようよ。感謝は伝えないと相手にはその気持ちはわかってもらえないんだ」

こんな話をセミナーで伝えています。どんなことも〝当たり前〟と思うと感謝の気持ちが湧いてきません。また、感謝の心は磨かないと衰えていくのです。

●何のために生まれてきたのか

よりよき人生を実現するために最も大事なことは好奇心を持って、何事にも感動することではないでしょうか？

たとえば、花鳥風月を愛でることです。花鳥風月というのは、道端の花やお月様を見て綺麗だとか、鳥が澄んだ声で泣いているのが美しいだとか、風が吹いて爽やかだとか、四季折々、森羅万象、日常のあらゆるところに感動があります。

３つのよかったことを書いている人の感想で多いのが、仕事だけでなく、毎日の日常の自然の営みを見て、よかったことだと感じる心が養われたということです。お月様の美しさも、道端の花の美しさも気づかない人生を歩んでいる人が多いのです。よかったことを書いていると、心を清くして、毎朝、お日様を浴びて1日を始めるようになります。

あなたは、空を見上げていますか？　空を見上げる心の余裕がありますか？

あなたは人生の修行のために生まれてきたのでもなく、カルマを解消するために生まれてきたのでもありません。人生を楽しむために生まれてきたのです。人生を楽しんでもいいのです。いつも目標達成に縛られて、結果を出すことだけが目的の人生を歩んでいませんか？　プロセスが楽しくないと、よい結果が出たとしても、それは一瞬で終わります。

あなた自身は大切な人を大切にすることによって、自分自身が生きていてよかったという人生を楽しむために生まれてきたはずです。このことを使命として誓って生まれてきたはずです。それを思い出してみませんか？

自分の人生が幸せだったと人生最後の日に言うよりも、毎日、毎日、3つのよかったことを書いて幸せを味わって、人生のプロセスを楽しんで行きませんか？ そのほうが、あなた自身もあなたの大切な人たちも幸せだからです。

●私は人生が好きだ（アイ・ライク・ライフ）

ディケンズの名作のクリスマスキャロルのミュージカル映画版では「アイ・ライク・ライフ」が歌われています。

あらすじは19世紀半ばのロンドン。街はクリスマス・イブを迎えるにぎやかな雰囲気に包まれていたけれど、ケチで思いやりのかけらもないスクルージは、そんな世間の様子には関心を示さず、事務所の部下のクラチットにも、たった1日しかクリスマス休暇を許可していませんでした。

ところがその夜、スクルージの前に〝過去〟、〝現在〟、〝未来〟のクリスマスの亡霊が次々と現れ、彼を不思議な時空の旅へと連れ出しました。スクルージはそこで真の自分自身のあわれな姿を見せられ、人生で本当に大切なことを初めて悟るのです。

この映画の中でスクルージ自身のお葬式のときに人々が喜んで歌っているのが、「アイ・ライク・

ライフ」です。スクルージは自分の葬式とは知らず、踊って歌っていました。私は歌のタイトルに大きく心を動かされました。私は人生が好きだとは考えたこともなかったからです。自分の人生が好きであることが大切だと気づかされました。

人生において最高に大切なアファメーションの言葉です。

あなたは自分の人生が好きですか？　３つのよかったことを書いていると、自分の人生が好きになることは間違いありません。

●自分を見つめる時間が人間力を育てる

いかに技術・能力があろうとも、本人の心の持ち方が間違っていると、その技術・能力を正しく活かすことができません。人間力があるからこそ、技術・能力が生かされるのです。この順番を間違えてはなりません。

人間力とは人に対する思いやり、愛情、利他の心などの人間の徳の総合したものだと思っています。このような人間力を養うには何が必要かというと、理想に向かって向上心を燃やして行く気持ちです。志や夢を持っていて、理想を追い求める姿と言ってもいいでしょう。

そういうものを根本に持っていない人に、人間力は身に付いていきません。いかなる志、夢を持っているか、その内容が人間力の大きさを決めるのです。そして、与えられた場で全力を尽くし、やり続けることです。

また、すぐれた古今の人物に学ぶことも大切です。そして、最後に大事なのは素直な心です。松下幸之助は最晩年まで、「素直の十段になりましょう」と言い続けたそうです。「お前の言うことなどわかっている」という態度をことさら見せている人がいました。「俺は偉いんだ」という態度を取っていました。人間力の不足が、この人の成長を止めていました。素直な心、柔軟な心こそ、人間力を高めていく上で欠かせないものでしょう。

現代人は、鎌倉時代までさかのぼると約1億人以上の先祖がいるそうです。その中の1人でも欠けると、遺伝子が違うので今の自分はいないのです。奇跡的な偶然が重なり、今の自分は存在しているのです。たくさんの先祖がいて今の自分がいるのです。このような話はどこかで多くの人が聞いたことがあるでしょう。

ところが、自分自身が未来の子孫から見ると、先祖になるということには気づいていないのではないでしょうか？

たとえば、人生の喜びを感じていない人には、未来に向かって喜びを感じない子孫ができるのです。自分の未来の子孫に対する責任について自覚をしなければなりません。

子どもを持つ親の立場にある人は、子どものために人生のよかったことを振り返る習慣で楽しく生きることを選びませんか？

未来の子孫のために毎日の自分を見つめ、3つのよかったことを書くことで人間力を磨くことができます。

●満たされた未来が現在の自分を幸せにする

３つのよかったことを書いていると、奇跡が起こってきます。１日を振り返って、今日のよかったことを書く。つまり、今日の過去を振り返って、今、よかったことを思い出して書くことになります。今、よかったことを味わうことになります。

よかったこと３つを書くことが習慣になると、よかったことが起こる未来をイメージして１日をスタートするようになります。未来にワクワクして１日を過ごしているのです。ワクワクする未来が現在のあなたによい影響を与えてくれるのです。

３つのよかったことを書く効果の大きなものは、満たされた未来をイメージできることにあるのです。一般的には、過去があって、現在があって、未来があるという考え方になります。それに反して、未来が現在を決めて過去も決めるという考え方を持つことができるようになります。

３つのよかったことを書いているうちに、未来が満たされ、現在が満たされる。その状態で過去を見ると、過去もいい状態だったと思えるのです。

●幸せになるために過去の書き換えをしてもいい

過去を変える簡単な方法があります。ある女性が「お母さんに子どものころに褒められた記憶がない。今でも、母親が苦手だ」と話していました。そこで、子どものころに戻って、お母さんに言って欲しかった褒め言葉を言ってもらうワークをしました。お母さんに似た声の別の人に、その女性の子どものころの名前を言いながら、褒めて欲しかった言葉を何度も繰り返して言ってもらいました。

すると、まるで子どものころに言われているように感じたそうです。それが記憶の書き換えとなって、現在のお母さんとの仲が回復したそうです。

また、あるお父さんがこんな話をしてくれました。娘さんが小学生のころにこんなことを聞いてきたそうです。「お父さんはバレンタインデーのときにチョコレートはどれくらいもらっていたの」。そのお父さんは、こう答えたそうです。「小学生のころは、毎年10個くらいかな。中学生になったら20個くらいになったよ。お返しが大変だったよ。高校生のころは家まで持ってくる人もいてびっくりしたことがあるよ」すると、娘さんは笑顔になって「えー、お父さんモテモテだったんだ」と、喜んでくれたそうです。

事実は、小学生のころはもらったことがなかったそうです。中学生のころもありません。高校生のころもなかったそうです。ところが、娘さんがその次の年も聞くので、同じように答えていたら、そのお父さんのバレンタインデーの記憶は、毎年、チョコレートをもらってホワイトデーでお返しをするのが大変だったという過去に変わっていたのです。イメージしたことが事実として記憶されていたからです。

事実と違うかもしれませんが、誰も傷つけていません。そして、娘さんを幸せにしています。お父さんがモテモテでカッコよかったのですから。何よりも自分自身の過去が変わって幸せ感を得ています。これは今の無意識な自信につながっているそうです。

あなたは何のために生まれてきたのですか？　誰かを幸せにして、自分も幸せになるために生まれてきたはずです。いつまでも過去の事実に縛られて不幸の主人公を演じるためではありません。

だから、過去を幸せに書き換えませんか？　そのほうが、あなたも、あなたが幸せにしたい人も笑顔になって人生を送ることができるからです。

●あなたは愛されている

多くの偉人たちが、慈しみのある母親の言葉で育てられています。たとえば、エジソンです。エジソンは小学校時代から優秀で学校でも優秀な成績だったから、数々の発明ができたのだろうと勘違いをしているかもしれません。

しかし、そうではありません。エジソンは、学校の授業でわからないことがあると、どんなことでも先生に聞いたそうです。すべてを完璧に理解したくて、しつこく何度でも質問を繰り返したそうです。先生は、あまりにしつこくて細かい質問に、「君は頭がくさっている。家に帰りなさい」と言ったそうです。

普通の子どもなら、自信を失っても不思議ではありません。しかし、エジソンは、自尊感情を失うことはありませんでした。なぜかというと、母親のナンシーの深い愛があったからなのです。

エジソンが他の人からどんな評価を受けようとも、母親のナンシーはわが子を認め続け、褒め続けました。わが子が素晴らしい存在であることを信じて疑いませんでした。だから、エジソンは自尊感情を保つことができたのです。学校から放り出されたエジソンをナンシーは自分で教育しました。

天才と呼ばれた世界の発明王のエジソンの成功を支えたのは、偉大なる母の力だったのです。（参考「偉人を育てた母の言葉」著者：大坪信之）。

同じようにあなたも愛されています。そして、あなたは守られています。砂の上の足跡という詩をご紹介します。

「ある晩、男が夢を見ていた。
夢の中で彼は、神と並んで浜辺を歩いているのだった。
そして、空の向こうには、彼のこれまでの人生が映し出されては消えていった。
どの場面でも、砂の上にはふたりの足跡が残されていた。
ひとつは彼自身のもの、もうひとつは神のものだった。

人生のつい先ほどの場面が目の前から消えていくと、
彼はふりかえり、砂の上の足跡を眺めた。

すると彼の人生の道程には、
ひとりの足跡しか残っていない場所が、いくつもあるのだった。
しかもそれは、彼の人生の中でも、特につらく、悲しいときに起きているのだった。
すっかり悩んでしまった彼は、神にそのことをたずねてみた。

「神よ、私があなたに従って生きると決めたとき、
あなたは、ずっと私とともに歩いてくださるとおっしゃられた。
しかし、私の人生のもっとも困難なときには、
いつもひとりの足跡しか残っていないではありませんか。
私が一番にあなたを必要としたときに、
なぜあなたは私を見捨てられたのですか！」

神は答えられた。
「わが子よ。私の大切な子どもよ。私はあなたを愛している。
私はあなたを見捨てはしない。
あなたの試練と苦しみのときに、ひとりの足跡しか残されていないのは、
そのとき、私があなたを背負って歩いていたのだ……」

●〝あい〟を知る人が愛を伝えられる人

「〝あい〟を知る人が〝愛〟を伝えられる人」です。〝あい〟にどんな漢字を使いますか。「愛を知る人が愛を伝えられる人」これが普通の答えかもしれません。間違っていません。しかし、私の思う答えは、それではありません。

これまで私が出会った人たちで、心から愛を伝えることができている人は、さまざまな哀しい思いをしています。大地震の被害を受けて、家族が亡くなってしまった人。ご両親の介護を20年以上続けてきて、自分の人生の大半を親のためだけに使ってきた人。会社の中で、みんなのために尽くしてきたのに、リストラされてしまった人。そんな人たちが、他の人に思いやりを持って接しています。単に愛を知るレベルでないのです。大きな哀しみを体験しているのです。

だから、〝あい〟には〝哀〟を入れています。「哀を知る人は、愛を伝えられる人」だと私は思っています。心からの哀しみを体験した人だけが、他の人の心の哀しみもわかってあげられるのです。だから、心からの愛を伝えることができるのです。

哀しい体験をしている人ほど、大きな人間になれるという人がいます。仕事で大失敗をした人、会社をクビになった人、会社を倒産させた人、大きな病気になって生死をさまよった人、大好きな人と死に別れた人などです。哀を知る人ほど、愛を伝えられる人になれるのです。

だから、今、哀しみのさなかにいる人は、愛を伝える人になる準備をしているのです。未来にはきっとあなたを待っている人がいます。あなたの愛のある言葉を待っている人がいるのです。

第5章　3つのよかったことを書いて人生が変わった

●3つのよかったことの体験者の声

3つのよかったことを書いていると、自己肯定感が飛躍的に向上します。3つのよかったことを見つけることは、自分自身を褒めることになり自信が芽生えるからです。自己肯定感が高まることで、新たなチャレンジに積極的に取り組む勇気や自己成長の意欲が湧いてきます。

3つのよかったことは、人生に素晴らしい変化をもたらします。

体験者の声をご紹介いたします。

1　対人関係がよくなった

●「自分のことが好きになり職場でのコミュニケーションが良好に変わった！」上野雅子さん（東京都）

よかったこと3つを書き続けて5か月近くになります。始めは、よかったことを3つも見つけられなくて苦労していました。とくに頑張ったこと、成果が出たことをよかったことだと認識していたからだと思います。あまりに書けなくて困ってしまって、そのうちに皆さんのよかったことを参考にしたくて、よく読むようになりました。

そうすると、ご飯がおいしかったとか、お昼寝が気持ちよかったとか、肩の力が全然入っていない、それまで私が認識してなかったよかったことがあふれていました。おかげで、気持ちよかったこと、嬉しいなあ、よかったなあと私が感じたままをよかったことと認識できるようになったと思います。だんだんと、よかったと思ったことをその場で喜んだり、素直に相手に伝えることが増えていきました。

これまでの数年間、企業の人事職として、私自身が職場の人間関係に悩みながら、職場で起こるさまざまな問題に向き合ってきましたが、以前は、「こんなに頑張っているのに何故」と上手くいかないことを心のどこかで周囲のせいにしていたと思いますし、そんな自分が好きではありませんでした。コミュニケーションの手法を学んでも、自分が好きだと思えなければ、相手に愛情をもって接することはできません。相手を思って接しているようでも、表面的な対応でしかなかったように思います。

３つのよかったことを続けて、私自身が笑顔でいる時間が増えると、身近な人たちと笑って話すことが次第に増えて、あんなに悩んでいた職場でのコミュニケーションも今では良好なものになっています。肩の力を抜いて、今ある小さな幸せに気づくことができたら、自然に今の自分を好きになっていました。

素直に毎日続けてみてよかったです。これからも続けていきます。

●「自分の心が変わって、気難しかった父親との関係が改善された」松本尚子さん（熊本県）

最初はいいことを書こう、特別なことを書こうと意気込んでいました。ですが、すぐにネタはなくなり手が止まりました。他の方々の投稿を読んで心が和み、普段の日常に目がいくようになりました。そして、自己評価が厳しくダメ出しばかりしていたのが、少しずつ自分の頑張りを素直にねぎらえるようになりました。

一番変化を感じているのは、物事を肯定的に見られるようになってきたことです。次に、両親との関係が変化したことです。

はじめは、両親のことを投稿することに抵抗があり、恥ずかしさもありました。安心安全な場所であること、せっかくの機会なので介護の視点も交えて父と母の言動を肯定的に言葉にする練習をさせてもらおうと思い書くようになりました。「いいね！」やコメントをいただけると認めていただいた気分になり、両親のことを伝えることに抵抗がなくなりました。

そして、何もしなかった九州男児の父が布団を干してくれるようになりました。感謝の言葉を言うことがなかった父が「ありがとう」と素直に喜んでくれるようになりました。また、勝気な母が、父と仲良く話をしている時間が増えてきました。

看護のテキストに『高齢者は、頑固な面があり変化を嫌う特徴がある』とありますが、見事に2人はくつがえしてくれました。3つのよかったことを始めてから、物事を肯定的にとらえられるようになり、いつの間にか両親の会話が増えていい方向に変化していきました。これからも続けて、成長できるよう楽しんでやっていきます。

●「家族にありがとう、自分にもありがとう!!」齊藤典子さん（東京都）

「３つのよかったことを書きませんか？」と、お話があったときは、続ける自信がありませんでした。「あ～もうやだ」と、後ろ向きになることが多かったからです。

でも、毎日グループの皆さんと書き続けるうちに、よかったこと嬉しかったこと感謝したいこと、を感じやすくなりました。グループの皆さんの内容を読んで、気づくことがあったり、一緒に喜べたり励ましてもらったりすることで、すぐにグループの皆さんへ感謝の気持ちが湧いてきました。その気持ちは今も変わることはありません。「あ～もうやだ」と思っても一瞬で吹き飛んで、感謝したいことが浮かんできて、早く気持ちの切り替えができるようになっていました。

相続の調停中、という私にとって人生で最大の難題渦中のときに、この３つのよかったこと嬉しかったこと感謝したいことを書き始められて、「これも神様からのプレゼントだった」と確信すると同時にこのグループの皆さんは宝物となりました。

家業は農家で夫を支えながら真っ黒になって働くのは当たり前。子どもの頑張っていることを率先して応援するのは当たり前。働き者だったお義母さんの介護は当たり前。自分のことは後回しどころか、自分の喜ぶことって何って自問したとき、何も出てきませんでした。

このような人生の中盤を送ってきた私が、この３つのよかったことを書くことで、自分の満ち足りた時間を持つことも当たり前に望んでよいんだなぁと、思えるようになりました。そして、グループの皆さんに自分の名前にちゃんを付けて呼んでもらえて、表現の仕様のない嬉しさがあります。

藤咲徳朗先生ありがとうございます。グループの皆さんありがとうございます。そして、家族にありがとう。自分にもありがとう。

2　仕事がうまくいくようになった

●「よいところを見るようになると家族の笑顔が増え仕事のご縁も引き寄せた」津田寛介さん（滋賀県）

「3つのよかったこと」で感じたのは自分の変化、家族の変化、仕事の変化です。

初めの頃は3つのよいことを行動しないといけないという義務感のようなものがあり、よかったことを見つけるための行動になっていました。その後、自然体になってからは、気持ちにも変化が出てきたと感じています。日々起こるできごとを前向きにとらえることができるようになりました。結果がどのような形になろうとも、よい結果をイメージして取り組むことができるので、結果が出るまでの過程も楽しめるようになりました。自分では気づきませんが、まわりからは表情が変わったと言われることも多くなりました。

自分が変化したことで、周囲、特に家族との関係がよりよいものとなりました。また、それぞれが「褒め言葉」を言う頻度が多くなり、家庭には幸せな空間が生まれています。家庭には、「ありがとう」の言葉が多くなりました。自分が仕事できているのも毎日、妻に支えてもらっているからこそだと感じるようになりました。４歳の息子は、以前は恥ずかしさもあり、なかなか言えてなかった「ありがとう」の言葉が自然と言えるようになってきて、笑顔で嬉しそうな顔をするのが印象的です。

また、最近は積極的に行動するようになり、習い事もここ数か月でプール、料理、サッカーと行くようになり、今、練習しているひらがなも覚えるスピードが早くなってきています。褒められて嬉しくなり、さらに意欲的になることで伸びるサイクルができているのかもしれません。

仕事の変化は、今でも不思議に感じています。以前と同じように仕事をしていますが、以前よりもいろいろなご縁をいただきます。予想もしないところからお声がけいただき、研修講師の依頼も少しずつ増えてきました。新しいことにチャレンジできる機会もあり、楽しく仕事をすることができています。

３つの変化の中でも一番変化したと感じるのは自分の変化です。自分が変わらなければ何も変わらない、そして、自分が変わればまわりも変わると感じました。自分の変化は自分で感じにくく、私は家族の変化があって初めて自分も変わっていることに気付きました。

３つのよかったことに出会えたことで、自分の考えや行動が変わりました。また、３つのよかったことを書いている仲間たちが私の地元の滋賀県の琵琶湖にあるホテルに集まってくれて、セミナーと宴会をしたことは一生の思い出になりました。出会うことができた素敵な仲間の皆様に感謝申し上げます。

●「心が喜びに満ちあふれた状態になり心も体も元気になり本の出版もできた」増田和芳さん（静岡県）

３つのよかったこと、うれしかったこと、感謝したいことを書き始めてから、私の気持ちに変化が出てきました。当初は仕事にかかわる内容が多かったです。仕事での成果を仲間に喜んでもらいたかったような気持ちがありました。振り返ってみると、「仕事を頑張っているよ」アピールをしていたのかもしれません。

一緒に書いている仲間の内容はシンプルに喜びが表れている内容でした。「１日無事に過ごせた」、「ごはんがおいしかった」、「家族と笑って過ごせた」、「お料理をつくった」、「素敵なところに出かけた」など、日常のあらゆる場面での気持ちが紹介されていて、私自身、ホッとするような内容が多かったのです。読んでいて安心する内容でした。

仲間の書いている内容を読んでいると、心の中で「よかったね」、「うれしい」、「ありがとう」といった言葉が自然に出てきます。仲間の内容で、いつのまにか自分の心が喜んでいるのに気づきました。１日を乗りきるための元気をいただいたときもありました。会社員で苦しかった時期は、栄養ドリンクを飲むなどで無理やり元気になろうとしていました。今は、仲間の言葉を読んで自然に元気になれています。一緒に書いている仲間に感謝しています。

そして、私の書く内容も徐々に変化しました。仕事中心のものから何気ない日常の１コマも含めて多様なものに変わりました。たとえば、妻との食事の時間、富士山を始めとして自然の景色、よかったニュース、のんびり過ごしたことなどを取り上げて、純粋に「よかった、うれしかった、感謝したい」と感じた内容を少しずつ書くようになりました。

心が温かくなって、喜びに満ちあふれた状態になると、心も体も元気になります。いつのまにか、「よかったこと」、「うれしかったこと」、「感謝したいこと」を、日々の生活の中から自分で探すようになりました。余計なことを考えずに、純粋に感じた内容を書くのが日課になりました。そのおかげで念願だった自分が書いた本を初めて出版することができました。書店に並んだときの感激を今でも覚えています。

一緒に学ぶ仲間に心から感謝いたします。ありがとうございます。

3　幸福な人生を感じるようになった

●「幸せの循環ができて、生きるのが楽しくなりました」富川祥子さん（栃木県）

３つのよかったことは、正直、最初は苦痛ですらありました。よいことなんてそうそうあるものじゃない、と平日はおろか土日のうち1日分投稿するのが精いっぱいでした。何度か投稿し、投稿を自分で見返したときに、〝いいね〟マークがついていることに気づきました。私は投稿するのがやっとなのに、私の投稿に共感してくれる方がいることに驚き、とてもうれしくなりました。

そして、皆さんの投稿を読むようになりました。気づきがたくさんありました。空がきれいだった、家族が頑張っている、1日を無事に過ごせた……。「ああ、確かにみんなよいこと、うれしいこと、感謝したいことだなぁ」と思いました。自分のまわりにはたくさんよいことがあるのに、今まで、なんてもったいないことをしてきたのだろう。まさに「欠けたリンゴ」を思い出しました。欠けた部分、つまり毎日の生活や仕事、そして、人との関わりで生まれる不満、不安、怒り、やりきれなさなどにいつもフォーカスしてしまう。マイナスなことばかりに意識が向くクセがついていたのです。

皆さんからのヒントのおかげで、よいこと探しが楽しくなりました。ちょっとしたことにも意識が向いて、うれしいこと、前向きなことを見つけることができるようになりました。また、皆さんの投稿を読んでいると、幸せな気分のおすそわけをいただけて、自分も嬉しくなることがわかりました。ふっと笑顔になる機会が増えました。

安全、安心な藤咲先生のコミュニティーなので、お会いしたことがない方にも素直に共感、「いいね！」を伝えられるし、共感のコメントをいただけたりする交流もうれしいです。ある日、仲間から「無意識のときの表情がとてもよくなりましたよ」と言っていただき、本当にうれしかったです。

3つのよいこと探しを始めて数か月たったころ、仕事で精神的負担が大きい時期が続いたにもかかわらず、不思議と「きっと、なんとかなる」と思えて頑張って乗り切れました。また、心身ともに不調になる真冬の時期も元気に過ごせていました。

今、幸せの循環ができて、毎日を力まず、笑顔で軽やかな心で楽しく過ごせています。本当にありがたいことです。

でも、まだ〝伸び代〟があります。他の皆さまは、〝感謝〟をたくさん投稿されています。私は〝よかった〟、〝うれしかった〟がほとんどなので、感謝の気持ちを感じる機会を増やすことが今の目標です。

●「幸せでかけがえのない人生に気づいた」磯田優子さん（愛知県）

最初は３つのよかったことって何を書けばいいのかわからず、１つ書き出すのが精一杯でした。だけど、続けて書いてみよう、続けていたら変化があるかもと思って始めました。当初の私は「よかったこととは、特別なこと、評価されたこと、貢献できたこと」と認識していたのです。それでは毎日、書けるはずがありません。

皆さんはどんなこと書かれているのかな、と拝見してみると、

・早めに寝られた（昼寝ができた）
・奥さんの機嫌がよくて１日平和だった
・夕食に自分の好物が出ておいしかった
・月が、青空がきれいだった
・映画を観に行った

など日常生活の中でよかったこと、嬉しかったこと、感謝したいことを書いていらっしゃいました。

そうか、こういう日常生活の１つひとつが当たり前のことではなくて、いつものことができるこ

とは感謝すべきことなんだと気がつきました。心に余裕があれば青空を見上げてきれいだ、まんまるの満月がきれいだなどの仲間がよかったことを読んでよかったなあと思えます。自然と笑顔になります。

そして、よかったことをアップすると皆様から「いいね！」のリアクションがかえってきます。やっぱり「いいね！」をもらえたら嬉しいんですよね。いいねのリアクションのほかにコメントを送ったりするのは、「よかったことを経験されてよかったですね、共感します。お話聞かせてくださってありがとうございました」という気持ちが湧いて来るからです。そういう感謝の気持ちが生じたのも、この3つのよかったことを毎日書いて皆様とシェアしているからだと思います。

何より効果があるんだと感じたのは、仲間の1人が、「自分の友人たちのグループでも3つのよかったことをシェアしあうようになったら、ガンが消えた」、「実家のお母様が最近ふさぎこみがちで3つのよかったことを書くようになったら、本来の明るいお母様に戻ってきた」、身近でそういう話を聞くと、やはりよかったことにフォーカスを当ててると笑顔になって心も体も元気になるんだというのは驚きました。

私自身も今の仕事が辛くて辞めたいと思っていましたが、最近は「お仕事させていただきありがとうございます」と思ってから仕事に向き合えたり、家族に対しても、たとえば夫や子どもがご飯つくってくれたり、子どもが毎日学校行って帰ってくるのも嬉しかったり、夫と、家族と出かけられるのが嬉しかったり、このような時間は幸せでかけがえのないものだと気づいたのは、皆様と3

つのよかったことをシェアしているからだと思います。ありがとうございます。

●「当たり前の日常の中の些細な幸せに気づくことができるようになった」上田健一さん（京都府）

３つのよかったことを始めて既に2年以上が経っていました。気が付くと、「もうそんなにやっているんだな」ということに驚くとともに、当たり前の日常に溶け込んでいるこの３つのよかったことの素晴らしさを改めて感じているところです。

３つのよかったことを、毎日アップする。それを、共に学んでいる仲間と共有する。シンプルなことではあるのですが、なかなかできない人もいるかもしれません。私自身は、これをやり始めてから、『よかったことアンテナ』の感度がよりよくなったように思います。そして、起こったできごとに関しても、「よし、いいネタ仕入れたぞ！」と一人ほくそ笑んで楽しんでいる自分がいました。よかったこと探しゲームをしている感覚でしょうか？

とはいえ、いつもよかったことが見つけられる心境になれないこともあります。

私の場合は、コロナに感染し事務所で隔離していた時期がありました。このときは、仲間の投稿におもわず笑顔がこぼれたり、励ましの言葉をいただいたりして、仲間の存在に助けられました。そうすると、自然と感謝の気持ちがあふれてきましたので、療養期間中も毎日のよかったことを続けることができました。コロナ療養の解除日の外に出たときの空の青さと清々しさを投稿していますが、今でもあのときの感謝の気持ちが思い出されます。

よかったことを1人でやると続けられないかもしれませんが、一緒に取り組む仲間の存在はかけがえのないものだなと改めて感謝の気持ちが湧き出てきます。

やり始めて、無理がない自然な選択を重視している自分がいます。より自分らしく、気楽さ、笑顔あふれる軽やかな心で日々過ごせている感覚があります。そして、何より当たり前の日常の中の些細な幸せに気づくことができるようになりました。

このことが一番大きくて、日々の幸せに繋がっている気がします。

毎日のよかったことは私の人生に欠かすことのできない幸せ習慣になりました。

●「考え方次第で普通の日常が素晴らしい1日になる！」村田光恵さん（千葉県）

3つのよかったことグループに参加させてもらうことになりました。お仲間にさせてもらってちょうど2か月が過ぎました。

最初、私はそんなに変わりばえのない日常の中で3つもよいことなんてあるかなぁ～なんて思いながら参加させてもらいました。今まで普通に日々やっていた掃除や洗濯や買い物や料理などもよいことに入れていいんだと知ってから、考え方次第で普通の日常が素晴らしい1日になるということを知りました。どんなことでもプラス思考で物事を考えるだけでいろいろなことがスペシャルになることを実感しました。

1日終わって振り返ってみることで、今日も充実していた1日だったと思えることができます。

そういう日々を過ごしていると自分のモチベーションが上がっていることにも気づかされました。

１人だと途中で挫折していたかもしれませんが、みんなで一緒にやっているから続けられていると思うので、メンバーのみんなにも感謝です。１日の終わりに他のメンバーの皆さんのよいことを読むのもとても楽しみだし、お互い励まし合ったり、褒めあったり、共感しあったり、応援しあったり感性も豊かになりました。

文章を書くということは、頭も使って考えるので、脳トレにもなってよいことづくしです。

これからも３つのよいことを続けていくことで、素敵な毎日になってみんなでハッピーになれることがとても嬉しいです。

４　病気の不安が解消された

●「がんの再発の不安がなくなりました！」天田美保子さん（千葉県）

「３つのよかったことを書くＬＩＮＥグループに参加しませんか？」と声をかけていただいたのは、抗がん剤治療が終了して1か月ほど経ったころでした。治療中は仲間からたくさんの応援メッセージをいただきました。

「だいじょうぶだよ！」、「皆で乗り越えようね！」、「これを乗り越えたらステキな未来が待っているからね！」。メッセージを読んでありがたくて涙が出ました。乗り越えようと思いました。

治療が終わり少ししてから「これからどうしたらいいのだろう？　がんが再発するかもしれない」という不安な気持ちになりました。そんなときに仲間から3つのうれしかったことを書こうと、お声をかけていただきうれしくて、すぐに「参加します！」とお返事をしました。

毎日よかったことを書くと皆さんが「よかったね」、「すごいね」、「しあわせだね」とうれしい言葉をたくさんくださいます。皆さんのよかったお話を読むだけで私もうれしくなります。しばらくすると、がんの再発の不安な気持ちはなくなっていました。今日は何を書けるかなぁと楽しいことや嬉しいことを探すようになりました。日常のありきたりなことが有り難く、嬉しくて感謝の気持ちがわいてきました。毎日文章を書くごとに日々が楽しく、大切に生きようと感じるようになりました。そして、皆さんの言葉の温かさと優しさが嬉しくて生きていることに改めて感謝しました。たくさんのご縁で繋がった3つのよかったことグループは私の大切な居場所であり元気の源です。

藤咲先生が教えてくださった、3つのよかったことを書くようになってから気持ちが前向きになり、最近は病気のことを心配することがなくなりました。ありがとうございます！　毎日が楽しく笑顔でいるからだと思います。

笑顔でいることの大切さ、皆で喜びを共有することでプラスのエネルギーが広がる事を教えいただきました！

藤咲先生ありがとうございます！

●「難病の私も人生を楽しむことができました」安藤ゆみこさん（千葉県）

３つのよかったことを書き始めてから、皆さんの毎日の日々の話を読み知らなかったこと、たとえば、やまももの木になっている実を写真で知ったり、虹やハートや龍が飛んでいるように見える雲の写真を見て喜んだり、お花や旅行で素敵な日の出の写真を見て癒されたり、おいしい食事のできるお店の情報を教えてくれたり、家族やお孫さん達と遊んだりしたことを読んでほっこりしたり、みんなのよかったことを読んで笑顔と元気をもらえています。

いつも優しい方たちばかりで和やかな雰囲気で、ここは安心、安全の場所ですと言っていただけたことが、とっても嬉しかったです。私は難病で毎日痛みがあり更新できないときも１つでもよいし、書けないときは無理しないで読むだけでもよいと言っていただけたことが頑張って続けてみようと思えたことです。

藤咲先生の褒め言葉カードも朝にラッキーカードを教えてくださいと引いています。先日初めて褒め言葉の対面式セミナーに行き、緊張と恥ずかしさがありましたが、みんなで「愛してる～」と叫んだときはなんだか心が温かくなりました。愛していると言ったのは何年ぶりだったでしょうか。初めて会った方々ばかりなのに、やさしく接してくれたので心から愛されている気持ちになれました。藤咲先生は、奇跡を起こしますね。

これからも前向きに取り組んで行こう、人生を楽しもうと思っています。

優しい皆様に心から感謝しています。ありがとうございます。

5　3つのよかったことファシリテーターとしての幸せ

●「3つのよかったことファシリテーターで皆を幸せにできた」丸島けいこさん（千葉県）

藤咲先生が3つのよかったことファシリテーターとして、「お友達どうしでやってもよいですよ」と言ってくださり、友人と3つのよかったこと、嬉しかったこと、感謝したいことを書くLINEグループをつくりました。

最初は、皆さん「3つも書くことないです」、「毎日、普通に過ごしているから特別なことないです」といろいろ言っていましたが、書き始めたら「普通のこと書いたらよいのですね」、「普通の日常が気持次第で、特別な1日になるという、すごい発見をしました！」と言ってくれて、今では、皆が皆を想い励まし喜びあう最高の仲間になりました。3つのよかったことを書いていたら、病気もよくなり前を向いて幸せに過ごしている仲間がいます。

そして、LINEグループのみんなが一緒に書くことで明るく楽しく前向きに変化して、それぞれの方にスペシャルなことがたくさん起きてきました！　毎日3つのよかったことを書くことは、本当に本物なんだなぁと心から思いました。

これからもまわりの方たちに感謝することを大切にして、3つのよかったことを継続し皆で笑顔いっぱい幸せいっぱいの毎日を過ごしていきます。

藤咲先生、３つのよかったことを書く素敵なこと教えてくださり、皆を幸せにできて感謝の気持ちでいっぱいです。

●「３つのよかったことで自分も子どもたちもハッピー」南條八重さん（福岡県）

藤咲先生から「毎日よかったことを３つ思い出してごらん。きっといいことがあるよ」教えていただき、１年半前ほどから実行しています。

３つのよかったことをやっていくうちに、変わったなと思えることが３つあります。まず１番目はどんなに嫌なことがあった日でも、ご飯がおいしかった、事故にあわずに職場と自宅を往復できたなど、些細なことでもよかったと思えることです。

当たり前と思っていたことが、当たり前ではない。仕事でのミスや人間関係で嫌なことがあったとしても、こうやって夜は自宅に帰って夕飯を食べて毎日を暮らせるということが素晴らしいことだと感じられます。平穏無事な日常に感謝したくなります。

２番目は、子どもたちに幸せをプレゼントできていることです。私の仕事はスクールカウンセラーです。小中高と各学校に行っています。困り事のある生徒や保護者、先生方と面談をして、解決策を一緒に考えています。中には、話を聞くだけで心のモヤモヤがすっきりする子もいます。

半年ほど前から面談の最後に、最近のよかったことを３つ言ってもらうようにしました。すると、今まで友達関係で悩みを憂鬱な様子で話していた子も、「エッ！　最近のよかったこと？」と最初は面食らうようですが、「う〜とね」と少しの間考えて話してくれます。「推しのコンサートに当たった」、「お母さんが好物の親子丼をつくってくれた」、「毎年夏期間限定のジュースが自動販売機で売っているのを見つけた」など、ほんとうに嬉しそうに話してくれます。「できれば毎晩寝るときに、よかったこと3つ思い出してみてね」と伝えています。

私が子どもたちに会うのは、多い子でも月1回です。月1回でも、カウンセリングの最後によかったこと3つを続けていた子が、「以前とは違う自分になったような気がする」と言ってくれました。この言葉は、私も嬉しかったです。スクールカウンセラーは私の天職だと感じるようになったのも、よかったこと3つの効用でしょう。また、親子で今日のよかったことを話題にするとコミュニケーションツールとしても使えます。

3番目は、友人も変わってきたことです。友人とはラインでよかったこと3つをやり取りしています。始めて1週間くらいで、その友人が「最近、嫌なことに遭わなくなった。というより同じできごとを嫌と感じなくなった」とラインで知らせてくれました。この即効性にもびっくりしました。

このように、3つのよかったことを継続していたら、いつの間にか、気づかないうちにハッピーを感じることが増えています。嫌なこと悪いことより、よいこと、楽しいこと、感謝したいことに、フォーカスすることでさらに幸せを感じることが増えるなんて、こんな素晴らしいことはありません。3つのよかったことで、これからも子どもたちやまわりの人を幸せにしていきます。

このような体験者の声を聞いて、私自身もうれしく感じています。誰もが幸せを感じることができる３つのよかったことを広げていきたいと思っています。

6　Q&Aコーナー

Ｑ１、３つのよかったことは1日が終わる寝る前に書いてください、と教えられました。よいことを思い浮かべて寝られたら素晴らしいです。

しかし、私は超朝型の生活をしており、会社から帰宅し、夕食を食べるとすぐに眠くなってしまいます。夕飯の片づけ、子どもと一緒にお風呂に入るなどの時間もあり、うれしかったこと、よかったことを書くのが難しくて３つのよかったことから遠ざかっています。どうしたらいいのでしょうか。

Ａ１、その日の寝る前でなくて、夕方などある程度1日が終わった段階で書くのもいいでしょう。大切なのは、１日のよかったことを味わう時間を持つことなのです。１日のよかったことを正確に記録することが目的ではありません。

たとえば、翌朝に前日のよかったことを書くこともできます。その際も、十分によかったことを味わってください。ある人は、朝のさわやかな時間に前日のよかったことを思い出すと、よいことばかりの人生だと感じることができるそうです。そして、ある人は1日の終わりに「今日のよかったことは何かな」と思いながら寝ると、無意識の領域から思いもよらなかったよかったことが言葉になって明け方に降りてくることがあるそうです。

この手法は精神世界のマスターが、アカシックレコードに繋がりたいときに使う奥義です。夢の中でよかったことが降りてきて、さわやかな朝を過ごすことができます。

Q2、自分のよかったことを思い出すのが苦手かもしれません。何かよい方法はありませんか。

A2、自分自身を見つめることになれていないからかもしれません。自分で自分を見つめるとは自分のいいところを探して、自分のことを知ることです。

ある1日を使って「自分のよいところを100個書き上げる」ワークをやってみませんか？　思いつくまま、単語でもよいですし、文章でもよいので書き上げてみてください。

自分自身のことは、たいしたことはない人間だと思っていたけれど、探してみるとそれなりによいところもあって、捨てたもんではないと思えるようになったという感想を言う人もいます。人生が楽しくなったそうです。

そして、もう1ついい方法があります。他の人に聞いてみるのです。

SNSを使って、友人たちに〝私のよいところを3つ教えてください〟と投稿するのです。自分の気づいていないよいところをたくさん教えてくれます。

Ｑ３、３つのよかったことを書いていますが、何も変化がありません。本当に効果はあるのでしょうか？

Ａ３、２つの課題があるかもしれません。

１つ目の課題は自分で幸せになること、よりよい人生を歩むことを決めているかどうかです。自分も幸せになっていいと許しを与えてください。そして、毎日の生活で自分もまわりの人も笑顔にすることを決めて、毎日の３つのよかったことを書くと人生が好転していくでしょう。

２つ目の課題は、業務報告のような仕事中心の３つのよかったことになっていませんか？たとえば、①仕事の課題レポートが提出できた、②上司との業務打ち合わせが無事終わった、③オンラインでの勉強会に参加できた。このような業務中心の内容だと人生に何らかの変化を起こすケースは少ないです。

人生を楽しみ、心が喜ぶような内容で３つのよかったことを書いてみませんか？するると、１週間も続けると心地よい変化を自分でも感じることができるでしょう。

Ｑ４、よかったことを毎日、「今日はどんなよいことがあったの」と、子どもに聞いています。その効果はありますか？

Ａ４、夜寝る前に子どもによかったことを聞くのは、３つのよかったことを書くのと同じ効果があります。夜寝る前の布団の中で、母親が子どもに、「今日どんなよいことがあった。３つ教えて」

と言うと、子どもは1日の終わりによかったことを思い出して話してくれます。そして、うれしい気持ちのまま心地よく眠りにつくことができます。

いつか子どもが大人になったときに、こんな楽しい時間を過ごしたことを思い出してくれるでしょう。

ある実践しているお父さんは、子どもによかったことを聞いて、そして、「可愛い○○ちゃんお休み」、「きれいな○○ちゃんお休み」、と言っているそうです。すると、「カッコいいお父さんお休み」と子どもたちが応えてくれるそうです。1日の終わりに家族みんなが幸福感を持って眠りにつくことができるそうです。

＊付録で子どもたちのよかったこと100個を載せました。ご覧になってください。子どものときの気持ちを思い出すことができます。

Q5、よかったこと＋感情を入れて書くことが難しいです。どうしたらいいでしょうか？

A5、同じグループの人が書いているモデルとなる文章をマネしてみることです。自分の感情のトレーニングにもなります。感情もうまく言語化しないと、自分がどんな気持ちかわからないものです。

人は言葉にしないと感情を正しく感じることができないからです。感情を言葉にすると、よかったことを映画でも観ているような感覚で自分で味わうことができます。

いくつか例文を紹介します。実際の文章と感情をプラスした文章です。
たとえば、次のような出来事＋感情で書くとよいでしょう。
①中華料理屋店が、めちゃめちゃ混んでいたが、注文した料理が早くきました。
↓中華料理屋店が、めちゃめちゃ混んでいたけれど、注文した料理が早くきました。運がいいです。
②明日からお盆休みで故郷に帰省すること
↓明日からお盆休みで故郷に帰省するのでワクワクとしています。
③朝から子どもの鼻歌を聞いてスタートできたこと
↓朝から子どもの鼻歌（幸せなら手をたたこう）を聞いてスタートできたので幸せな気分でした。
④誕生日。次女が動画でおめでとうと言ってくれたこと。
↓誕生日。次女が動画でおめでとうと言ってくれたので、私はうれしくて泣きそうになりました。
⑤子どもたちが今日も元気なこと
↓子どもたちが今日も元気でうれしい。
⑥友人夫婦と小籠包を食べに銀座に行ったこと
↓友人夫婦と小籠包を食べに銀座に行った。会話が弾み、料理もおいしかった。
⑦実家に帰り、両親の元気な姿を見られたこと
↓実家に帰り、両親の元気な姿を見られてうれしかった。いつまでも元気でいて欲しいです。

文章で具体例を書きましたが、最初は、文章の最後に感情語を入れるだけでも充分です。できご

とを書いた文章の最後に、うれしい、よかった、楽しいなどの感情入れた言葉を付け加えて書くのです。

「中華料理屋店が、めちゃめちゃ混んでいたが、注文した料理が早くきました。うれしい」。

このように最後に感情の言葉を入れるだけで、自分の感情に向き合うことができます。感情のトレーニングになります。

●子どもが喜ぶよかったこと100

幼稚園児のなつのちゃん、小学生のひろふみ君、中学生のもとなり君のよかったことです

1 チーズケーキがおいしかったこと
2 サンタさんから仮面ライダー、ばあちゃんサンタからプラレールが届いたこと
3 電車でお出かけできたこと
4 ステーキとパンがおいしかったこと
5 クラスの特技披露会で、ルービックキューブが成功したこと
6 学童でやっていたコマ回しで、逆回転のスピンがかかったこと！
7 ピューロランドで買ってもらった光るステッキでキラキラコンサートができたこと
8 しまじろうコンサートがとても面白くて、しまじろうとハイタッチができて嬉しかった
9 じいちゃんとばあちゃんの家でクリスマスパーティーができて嬉しい。プレゼントありがとう

10 クリスマスケーキを上手につくれたよ
11 パパにたくさんぐるぐるしてもらったのが嬉しかった！　ボールコロコロ遊びも楽しかった！
12 パパやママのサラダを上手につくれたこと
13 パパが体操クラブを見に来てくれたこと。私だけがパパだったのがとても嬉しい！
14 自分で王冠をつくったよ
15 百人一首で全勝したこと
16 給食でシナモンパンとヨーグルトが出たこと
17 給食のラーメンがおいしかった！
18 クラスのコマ回し対決で3位にランクアップしたこと
19 給食のうどんがおいしかったこと
20 今日もピンクのマイク（ステッキ）でコンサートができて楽しかった
21 学力テストで、クラスで1人だけ国語と算数両方１００点だったこと！
22 住宅展示場で「すみっコぐらし」のフィギュアや双六をもらえて嬉しかった
23 幼稚園のクリスマス会で10色ボールペンをもらって嬉しかった！
24 ばあちゃんに電車の雑誌を買ってもらったこと
25 お代わりじゃんけんで勝って、こどもパンをもらえたこと！
26 幼稚園のお休みの日にサンリオピューロランドへ行って楽しかったこと

27 ぐでたま（卵のキャラクター）と話ができたこと
28 ハートのステッキと車のクッキーを買ってもらったこと
29 久しぶりにばあちゃんの家にゆっくり泊まれたこと
30 寝る前に父ちゃんと兄ちゃんとお布団で足の挟み合いをしたのが楽しかったこと
31 リコーダーが上手く吹けたこと
32 お代わりじゃんけんに勝って、マーブルパンが2つ食べられたこと！
33 昨日買ってもらったハートステッキで遊んで嬉しい！　家でコンサートをしたよ
34 給食がカレーだったこと
35 放課後の遊び場（市の事業）で、折り紙を使ったでんぐりドミノが楽しかったこと
36 給食の焼きそばがおいしかったこと
37 学活の授業で椅子取りゲームで準々決勝まで行ったこと
38 学校の書き初めが思っていたより上手く書けたこと
39 給食のサーターアンダギーがおいしかったこと
40 さんまを食べられたこと！
41 焼肉を食べられたこと！
42 晩ご飯で餃子が食べられたこと！
43 クラスは別だけど、学童で一緒の仲良しのFくんと家まで帰って来られたこと

44 テストで早く帰って来て、欲しかったシャープペンが定価よりかなり安く買えたこと
45 母ちゃんがエッセルの抹茶＆チョコのアイスを買ってきてくれたこと
46 三ツ矢サイダーが飲めたこと
47 鉄棒で前まわりができたこと！
48 地下鉄博物館で、母ちゃんにメトロマークのキーホルダーのガチャガチャを買ってもらったこと！
49 母ちゃんが好物のドライカレーをつくってくれたこと
50 給食のお代わりじゃんけんで勝って、うずらの卵入りのすまし汁がもらえたこと！
51 父ちゃんが買ってきてくれたケンタッキーがおいしかったこと
52 体育の授業でマットの実技発表ができたこと
53 部活がなくて、同じ卓球部で仲良しのＮくんと久しぶりに沢山遊べた！
54 給食のスイートポテトのお代わりじゃんけんで、準決勝まで行ったこと！
55 漢字ドリルが早く終わって、音楽の授業で鍵盤ハーモニカの練習が早くできたこと
56 体育の授業で、どんどん上がっていく跳び箱が楽しかった
57 音楽の授業でトライアングル、タンバリン、鈴ができたこと
58 給食でラーメンが出たこと！
59 お代わりじゃんけんで牛乳がもらえたこと

60 チョコジャンボモナカがおいしかった！
61 大江戸線に乗れたこと
62 いとこのはるちゃんと沢山遊べたこと
63 小田原のわんぱくランドでアスレチックやローラーすべり台やターザンロープをやれて、みんな楽しかった。また行きたい！
64 ハロウィンパーティーをお家でできたこと。ぬいぐるみにお菓子が隠れていて楽しかった
65 くまさんやハートのはんぺんをつくっておいしかった
66 カップラーメンと柿がおいしかった
67 母ちゃんが読み聞かせに来てくれた
68 フランク（消防車のミニカー）とマックス（ダンプカーのミニカー）と遊べて楽しかった
69 昼休みに50メートル走をやったら、1回だけ1番になれた！
70 給食で焼きそばが出た
71 大好きなフルーツポンチが給食で出た
72 お代わりじゃんけんで勝って、こどもパンが2個になった！
73 学童でブロックのすごいのをつくれた！
74 隣の小学校までの坂道を自転車を降りずに登り切れた！
75 運動会が楽しかったこと！

76 学童のハロウィンパーティーが楽しかった
77 体育クラブにパパとママが見に来てくれた
78 シャボン玉がたくさん出るステッキをパパが買ってくれた
79 迷路のドリルをパパと一緒にやった
80 魔法鬼ごっこで鬼のパパに魔法をかけたので捕まらなかった
81 パパ椅子が楽しかった
82 父山（とうさん）に登って楽しかった
83 パパの影がたくさん踏めて、私は一度も踏まれなかった！
84 パパとの影踏みでずっと勝ってること。「パパ一回も踏めないね～」と言われてます
85 パパが幼稚園にきてくれた。パパ大好き
86 じいちゃんとばあちゃんのお誕生日のお祝いをして、バースデーケーキがおいしかった
87 体育祭が楽しかったこと
88 お友達と沢山遊べたこと！
89 誕生日だったこと
90 給食のクロワッサンがおいしかったこと
91 校庭でアカアシトンボを二羽、すごく近くで見られたこと！
92 なっちゃんの１・５リットルのオレンジジュースが大きくて嬉しかった

93 ウボンゴ（ボードゲーム）でみんなとやって一番になった！
94 公園で久しぶりに遊べて楽しかった！
95 車の販売店のお店のお祭りで赤いミニカーがもらえた
96 お昼の醤油ラーメンがおいしかった
97 下校時、雨が降っていたけど、Sくんが途中まで傘に入れてくれて、濡れずに帰ってこられた
98 給食のそぼろご飯がおいしかったこと
99 晩ご飯が麻婆豆腐だったこと！
100 ママと一緒にクッキーをつくったよ！　ハロウィンのクッキーもつくって嬉しかった

●大人が喜ぶよかったこと100

3つのよかったことで大人が実際に書いているものをご覧ください。よかったことを読むと、心を育むことができます。愛と感謝を素直に感じて、生きる喜びを感じる心になれます。よかったことを読んでいると、心がきれいになる感覚も味わうことができます。よかったことシャワーを浴びているのです。

1　朝からパソコンを持ち込んで、午後までコメダ珈琲店で過ごしたこと。娘のバイト先です。娘が接客している言葉がけや声の様子など、安心して見られました。子どもが働いている姿に成

長を感じました

2　晩ご飯をつくっていたら、うっかり包丁で指を切って血が出てしまい、一緒に野菜を切っていた息子が、「どうしたら、そんなところ切っちゃうの?」と言いながら、すぐに絆創膏を貼ってくれたこと。息子の自然に優しいのがいちばんだなあと思います。

3　過去は変えられる、今があるのは、あのときの自分がいたからなんだな、とやんわりと考えた1日でした

4　猛暑の中、駅前で交通整理をする警備員の方に、「お疲れ様です。感謝しています」と、言えたこと

5　1人早起きだったので朝イチで洗濯を済ませたら、妻に感謝された。やったネ!

6　結婚式2次会の若い方々たち約15人と遭遇しました。「キレイになったね!」と言われ、はにかむ女性にこちらも嬉しくなりました

7　お昼頃出かける用事があり、そのついでに娘と、「幸せのパンケーキ」というお店でパンケーキをいただきました。ずっと行きたかったので嬉しかったです

8　立ち寄ったコンビニで、私の前でレジをしていた年配の女性が小銭を落として気づいてなかったので教えてあげました。ちょっとよいことができてよかったです

9　いつもの掃除。大汗をかきましたがスッキリしました。2階の掃除中、1階から母の声が。苦しそうにも聞こえる。慌てて様子を見に行ったら、テレビで世界陸上を見ながら、「行〜け〜!!」

と叫ぶ声でした。母が楽しんでいる様子でよかったと安心しました。

10 終活で、ずっとそのままにしてあった投資信託を手放したら、思った以上に上がっていて、ニンマリしたこと

11 娘と息子が同じポーズで、よく寝ていたこと。大きくなってもシンクロしています

12 今日ようやく、やっと、母に「産んでくれてありがとう」を言えました。半分照れて冗談めかしてしまいましたが、またタイミングを見て今度はしっかり心を込めて伝えます！

13 去年まで一緒のグループで仕事をしていた先輩に少しぼやいたら、幸せオーラが出ているから大丈夫」と励ましをいただいたこと。もっと悲壮感漂わせたほうがいいのかなと思いましたが、幸せに見えるほうがまぁいいか

14 夕方に散歩したこと。道すがら見たお寺の掲示にあった、「笑顔になると3秒長生きするんだよ」という小学生の言葉にハッとしたこと

15 クリニックのホームページを見たら、ブログ更新の記事がよかったことだけアップしていました。人気ある女医さんの訳がわかったこと

16 食器洗いのスポンジを新しくしました。ルンルンでシンクに溜まった食器を洗うことができました！

17 ハウスみかんのプレゼントいただきました。愛媛の特産でした。真夏にみかん食べられるって感激しました

18　区役所へ行きスマホを忘れそうになっていたけど、親切な方が教えてくださったので無事持って帰ることができたこと

19　昨晩から鶏肉と野菜（きゅうり、なす、ニンジン）を味噌漬けにしたのを食べたらおいしかったこと

20　春開始接種ワクチン配送がすべて無事に終了したこと。デリケートなワクチンなので神経使いました。いろいろありましたが関わった人たちのおかげで進められました。ホッとしています。

21　仕事をがんばったので、帰りにソフトクリームを買って、１人お疲れさま会をしました。久しぶりに食べておいしかったです

22　以前勤務してお世話になった、会社の上司が亡くなっていたことを知りました。１年半程前にお話したのが最後になりました。このようなことを知ると生かされていることに感謝しています

23　初めて体験セミナーに来てくださった親子さん、小学2年生のママと女の子でしたが緊張して笑顔がなかったので、歯磨き笑顔体操したら笑顔いっぱいになったこと。歯磨き笑顔体操は、最強でした

24　夫がカレーをつくってくれた。男の料理はかなりワイルドだった。おいしいおいしいと、何度も褒め褒め。ごちそうさまでした。１人残っても大丈夫そうだ。ということで、明日も期待できそう。褒めまくります

25 夕飯の餃子がきれいに焼けたこと

26 夫の出張みやげのメロンが、完熟でおいしかったこと

27 使わないイスを処分したら、娘の部屋がすっきりしたこと。私もパソコン作業で部屋を共有しているので、気分よしです。粗大ゴミの日を忘れなくて、よかった

28 妻がお出かけということで一緒に早起きして、通勤は途中の駅まで一緒に行きました

29 電動自転車のバッテリーが突然動かなくなりました。バッテリーを買い直すといくら掛かるか調べてみたところ、なんとリコール対象になっていることがわかったこと。交換で対応してもらえそうでよかったと思いました

30 冷やしただけのトマト、蒸しただけのブロッコリー。シンプルな料理法で野菜の甘さがおいしかったこと

31 ルーツを辿る旅の予習に、手元の手書き家系図をエクセルでつくり直した。改めて、一族ってこんなに居るんだと驚いたし、援軍がこんなに居るんだと思えた

32 夕食の豚汁がおいしかった。いろいろと工夫してつくってくれる次女に感謝

33 ようやく散髪に行けたこと。いつも若干無愛想に見える女性が仕上げてくれて、「どうですか?」と言われたときに、「男前になりました」と応えたら、「元から男前ですよ」と言ってくれたので、「より男前になりました」と言えたこと。温かい時間になりました

34 久しぶりに空を見上げたら、いつのまにか雲が秋の雲になっていたこと。季節はちゃんと進ん

でいますね

35 ゴルフ終了後居酒屋で表彰式。ハンディにも助けられ久々コンペ優勝者になれたこと

36 サッカースクールに通う長男がミニ試合でドリブルしてゴールを決めたこと。最初の頃は手を使っていましたが、練習に行くにつれ、だんだん手を使わなくなり、足で蹴るようになってきました

37 明日はお休みなので、帰宅後のビールがおいしかったこと

38 妻と外食。リニューアルしたバーミヤンで好きな中華を食べられたこと。五目麺がおいしかったです

39 クリーニング屋さんに、帰省みやげを渡したら、とても喜んでくれたこと。少しなのに、こちらがうれしくなりました

40 「わあー遅刻だーーー！」と目覚めて、休みだったことに気づいたこと

41 今日は、皆そろっての孫たちのお誕生日パーティーをした。朝一番で主人と買い出しに行きお肉とおすしを買って、孫たちが「おいちい♡」とニコニコ笑顔で食べてくれてとっても嬉しかったです

42 岐阜に帰る長男のために妻が朝から豚の生姜焼きをつくってくれました。おいしかった。長男も元気に帰って行きました

43 久しぶりに近所のスーパー銭湯へ。サウナの後の外気浴。畳の上で寝っ転がると、雲が見える。

そういえば、最近雲を見てないなとしみじみ思えたこと

44 午後からは久々に古い友人と会う。いつぶりだろうか。でも会った瞬間、学生時代に戻れるのは、凄いなと思いますね

45 実家にとうもろこしを買って行ったらとても喜ばれたこと

46 今シーズン初めて梨を買いに行ったこと。冷やして、明日食べるのが楽しみです

47 鍼灸院の先生や友人たちと楽しくお酒を飲むことができたこと。行ったお店がおしゃれなイタリアンレストランでワインやお肉などの食事がおいしかったこと

48 お昼の冷やし中華、夜の親子丼を家人がおいしいと食べてくれたこと。久しぶりに料理もできました

49 夏休みの宿題問題。娘に聞くと、自信満々の表情で、「終わってないよ～」と言われたこと。自信みなぎる表情はまわりの空気も引き込むという学びを得ました。「今年の私は違うのよ」という雰囲気、素晴らしいです

50 書類整理をして4月に行った東寺や三十三間堂のチケットで思い出にしばし浸り、また行けるように頑張ろうと思ったこと

51 パン屋さんの新作商品、大粒ブドウを乗せた菓子パンがコーヒーによく合い、幸せの時間になったこと

52 実家に帰り、父親と会話をしていたら、川柳が選ばれて新聞（読売新聞関西版）に載ったと報

告があったこと。「やるや〜ん」、と褒めました。なかなかよくできていました。楽しみがあることはよいことです

53 大学生の息子が東京から家に帰ってきて娘がはしゃいでいます。お兄ちゃんに甘えることができてうれしいみたいです

54 入道雲を眺めながら、プレミアム小豆バーを食べました。暑いときに食べるアイスは格別ですね

55 ヨガに参加して、プールで少し泳いだこと。肩甲骨周りを集中ストレッチする陰ヨガ。通常のヨガより動きは少ないものの、普段しないポーズが多く、身体が伸びて、呼吸が深まりました

56 枝付き枝豆が、お買い得で味が濃かったこと。旬のものはよいですね〜

57 日帰り温泉で汗を流したこと。猛暑なので冷水浴（プールくらいの水温）と温泉と交互に入ってリラックスできました

58 還暦のお祝いにと友達からプレゼントをもらいました。心遣いを嬉しく思いました

59 カツ丼屋さんに帽子を忘れたら、しっかり取って置いてくれていたこと。ありがとうございます。また行きたくなります

60 地元の花火に息子を連れて行ったら、とても感動していたこと

61 ケーキが食べたいと長女。カフェでケーキを食べる。娘たちが喜んでいる笑顔が何よりですね

62 家の近くでやっているお祭りに行ったこと。息子はヨーヨー釣りをやりたかったようですが、

長蛇の列で断念しました。しょんぼりしていましたが、帰りにアイスを食べてご機嫌になりました

63 子どもたちと市民プールで泳いだこと。プールでじゃれあって遊んで楽しかった

64 ししとうを味噌で甘辛く炒めたら、お酒が進む味だった。おいしくできてよかった

65 老犬の新之助の足が弱ってきて、医師から「靴を履かせないと怪我します！」と言われたので、靴を購入。可愛い、かまいたくなる

66 家族4人の桃4個買ってきておいたので、今日、私の分を食べようと思ったら、妻が食べちゃっていました。まぁいっか。ブルーベリーをいただいたので、それを食べて幸せです。桃は、明日、また買ってこよう

67 散歩で見上げた青空に、もこもこの大きな雲、コントラストがきれいでした。

68 気持ちよいほど汗をかいて、シャワーですっきりしたこと。水分と、梅干しで塩分も補給。久しぶりの梅干しがおいしいです

69 義父母と妻と次女でランチを食べた。焼肉がおいしく、たまらずビールを飲んじゃいました

70 会社の同期だった大好きな友人と久し振りに長電話したこと。癌になり手術して大変だったお話で、落ち込むこともあると言っていたので、癌が治った友人のお話をさせてもらったらとっても前向きになれたと言ってもらえたことがよかった

71 お夕飯は、お肉屋さんのお総菜にしたら、楽々お夕飯になって家族がおいしいと喜んでくれた

72　ネイリストの友人宅にてネイルしてもらい、そのあと近くに住む別の友人宅にご飯をご馳走になったこと。久々に会う友人のラガーマンな息子さんが高校生で大きくなっていてビックリ！

73　移動中、暑かったけど扇子のおかげ簡易的に涼めたこと。好きな香りを付けたら尚よきでした

74　昼寝をしたら腰痛が軽減したこと。これは、明日も昼寝に限る

75　妻が夕飯に回鍋肉をつくってくれました。食べ終わった後、妻がすぐに横になって眠ったので、疲れていたのにつくってくれたんだなあと、感謝しました

76　いつもより30分ほど早く会社を出たこと。妻よりも少し早く家に着きました。率先して夕飯の準備を進めたので、早めに夕飯を食べることができました。妻の機嫌もよく、よかった

77　夕方の西の空にもくもくした雲と、高いところのすじ雲があって、夏から秋へ変わりつつある空だなぁとしばし眺めたこと。白い三日月も浮かんでいました

78　新居の６か月点検に業者さんが来てくれて、丁寧に各部屋のドアや窓の開閉をチェックしてくれたこと。おかげでトイレのドアの不具合を対応していただきました。暑い中来ていただき、感謝

79　暑くても観葉植物も頑張っていること。涼しい時間帯にお水をあげています

80　娘のお友達が家に遊びに来たこと。２人の笑い声を聴いていると、なんだかつられて笑ってしまいます。楽しくて何よりです

81　おいしい桃を買ってきたこと。自分の分を冷蔵庫に確保して、残りを妻に渡しました。おいし

いものを確実に食べるには、これが一番いい方法です

82 実は今日お誕生日でした。ウン十数年前に私を産んで育ててくれた、今は亡き両親に感謝です。自宅の最寄り駅に降りたらちょうど虹が出ていました。その後、しばらくして雨が止んだら今度は真っ赤な夕焼けを見ることができました。お誕生日にこんなスペシャルな空を見ることができて、いいことがたくさんありそうな気がしました

83 朝に主人と資源ごみを出せたこと。1人だと何往復しないとならないけど、2人で出すと一回で終わって、楽々でした。主人に感謝です

84 銀行に行ってお金をおろしたら、全部ピン札、いいことある予感です

85 お風呂から上がったときにクーラーで冷えている部屋に入るのが気持ちいいこと

86 春先に買った国債に初めての利息が入り、ミニ投資家気分を味わえたこと

87 暑気払いのビンゴ大会で当てたスタバカードを、日々の仕事を頑張っている長女にあげたら、めちゃくちゃ喜ばれた

88 先日泊まった大阪のホテルにサンキューレター（メール）を送ったところ、すぐにお礼の返信が来たこと。このホテルに勤めていた友人にサンキューレターのことを聞いたところ、このホテルではレターにスタッフさんの名前が書いてあると表彰されるんだそうです。褒める輪が繋がっていくといいなと思いました

89 夕方の空がきれいだったこと。スーパーの駐車場で空の写真を撮っていたら、姪から同じよう

に「今、撮ったよ~きれいでしょう？」と空の写真が送られてきたこと。実家近くの夏の終わりの風景に癒されました

90 本に書いてあったけれど、嫌なことがあったときに、「ありがとう」をいうと嫌なことの連鎖が断ち切られるとのこと。よいことがあったときには、「感謝します」。そして「ツイてる」のこの3つ。シンプルでいいなと思いました

91 夏休みの課題を、息子と一緒に仕上げたこと。筆跡は気にせず、あとは提出するだけ

92 炊き立てのごはんに明太子。朝から幸せでした

93 奥さんとの旅行予定を、うれしそうに話す知人を見て、よい人だなーと、気持ちが柔らかくなったこと

94 今日は妻の誕生日！　そして、なんと私もマヤ暦ではバースデーだと妻に教えてもらい、本来なら同じ日になることがないバースデーが重なった奇跡の1日でした。2人のバースデーということで、おいしい焼肉を食べに行きました

95 娘と初めての二人旅。今日は奈良公園です。あらためて東大寺大仏様の大きさに感激したり、春日大社の樹木の根っこの成長の仕方にパワーを感じたりした

96 次男が学童で、ピタゴラ装置をつくって持って帰ってきたこと。長男にも「結構上手にできたんじゃない？」と褒められて嬉しそうでした

97 茄子の味噌汁がおいしくつくれたこと。茄子は味が染みこむと最高です。ごちそうさまでした

98 ガパオライス食べていたら、中に髪の毛がある。店員さんのほうを見るとどうやらワンオペでやっている様子。他のお客さんが居なくなってから、こっそりとお伝え。ワンオペでやっていて大変なんだろうなと感謝の気持ちが湧きました

99 今日の空は、朝から真っ青で、もくもくの白い入道雲と雨を降らせそうなグレーの雲があって、にぎやかだったこと。しかも刻々と形が変わっていき楽しかった

100 妻に「夏バテや」と言ったら、「スタミナ不足やね！　じゃあ、焼き肉に行こう！」という話になり、焼き肉を食べに行くことが決まったこと

【あとがき】感謝とお礼の言葉

本書を最後までお読みいただきありがとうございます。

「問題を起こしたときと同じレベルの考え方で問題を解決することはできない」アインシュタインの言葉です。［原文］（We cannot solve our problems with the same thinking we used when we created them.）

今、目の前で何かの問題が起きていて、自分がその問題で悩んでいるとします。その問題は、自分が引き起こしているのだから、自分の考え方のレベルを上げない限り、解決法を見つけることができないのです。問題を起こしてしまったのと同じレベルの考え方にとどまったままでは、問題解決ができるわけがないのです。

では問題解決をするには、どうしたらいいのでしょうか？

自分の考え方のレベルを向上させるような体験をすることではないでしょうか？

たとえば、本を熟読すること、先達の話を聴くこと、未知の異分野に飛び込んでいくこと、ではないでしょうか？

中でも読書は手軽にかつ安価で考え方のレベルを向上させることができる最良の手段だと思っています。本書を読んで少しでも役に立ったと思っていただけたらうれしいです。

原稿を書いている大晦日に私自身の今年1年のよかったことを振り返りました。1年間で書いた全部で１０９５個のよかったことを味わいながら読んでいました。充分に味わって読んだので丸１

日かかりました。1年間、よかったことで満ちあふれた自分の人生に万感の思いでした。新しい年を希望に満ちて迎える準備ができました。

夢や目標を実現するためには、過去の自分のよかったことや、やってきたことを振り返る時間をたっぷり取ることが欠かせないと思っています。1年間のよかったことの振り返りは、最高の自分ワークになりました。

この3年間は、3つのよかったことを約50人のメンバーと書き続けてきました。私は自分のものだけでなく、グループの皆さまの書いてくれるよかったことを毎日、100個以上味わってきました。毎月だと約3000個、1年間で約3万6千個、3年間だと約10万個のよかったことに満たされてきました。日本一、人生のよかったことを味わっている人間だという自負があります。そのおかげで、心が満ち足りた人生になりました。また、その中のよかったものを本の中に実践例として数多く載せることができました。

最後に、同じ志を持つ3つのよかったことを書く仲間たちの応援があって、今回の本の執筆ができました。ありがとうございます。

私と一緒に書いてきた仲間の中には、自分で3つのよかったことグループをつくって、ファシリテーターとして活躍している人もいます。その成果を発表する「3つのよかったことファシリテーターセミナー」を企画しています。そのときには、ファシリテーターの活躍事例をもっと詳しくお伝えすることができると思っています。

●３つのよかったことファシリテーター一覧（順不同）

上野雅子さん、河渕ちさとさん、唐澤正樹さん、津田寛介さん、五十嵐優枝さん、浜田順子さん、松村悦子さん、原田雅美さん、小林浩子さん、福村多美子さん、御代田裕介さん、西尾茂和さん、中越謙一さん、加藤健司さん、野田祐樹さん、小作桃代さん、良玄正寿美さん、小川美香さん、上尾典子さん、五十嵐誠さん、大村茂樹さん、鈴木芳男さん、丸島けいこさん、板山雅幸さん、松下みささん、益村徹さん、竹田雅人さん、笹井茂樹さん、竹本隆さん、南條八重さん、柳沼史恵さん、増田和芳さん、金岡啓太さん、磯田優子さん、富川祥子さん、小川範子さん、石川靖さん、大西浩さん、磯部香さん、森口浩一さん、高松佳世子さん、山田若菜さん、関口奈穂美さん、大田恭生さん、半澤卓也さん、望月数久さん、増山慎一さん、上田健一さん、宇都陽一郎さん、水上加代子さん、立松浩二さん、小林 弘幸さん、福山巌さん、松本尚子さん、石田由美子さん、天田美保子さん、齊藤典子さん、篠宮洋子さん、村田光恵さん、富沢美奈さん、安藤ゆみこさん、ありがとうございます。感謝いたします。

●イラスト協力者

小川晏奈さん、すてきなパステルシャインアートのイラストありがとうございます。

石川靖さん、野田祐樹さん、磯田優子さん、正確で丁寧な校正ありがとうございます。

最後に、本書が出版できたこと、読んでいただけた読者の皆さまに感謝いたします。そして、いつも応援してくれているやさしくて美人の妻の藤咲都史子、賢くて頼りになる息子の藤咲祐樹、可愛くて親孝行な娘の藤咲美和にも最大の感謝を伝えます。

【エピローグ】

長崎の友人の福山巌さんの3つのよかったことの感想です。

「毎日の3つのよかったことの投稿が私の生きがいになっています。というのも、私はステージ3の大腸がんになって、抗がん剤治療を受けました。治療は終わったのだけれど、再発の不安と戦っています。

そんな私だけれど、3つのよかったことを書いている今は、生きているだけで、ふつうに生活できるだけで幸せを感じています。そんなことを藤咲先生に話したら、本に感想を載せるからねと言っていただけました。本が出版されるまでは、死んではいけないと思いました」

こんな感想を話してくれました。もちろん、福山さんは生きています。

「本書はきっとロングセラーになるから、いつまでも生きていようね！」と伝えました。

◇読者プレゼント～無料ダウンロードページ
本のご購入をありがとうございます。感謝の気持ちを込めて、ご購入の皆さまに無料特典をプレゼントいたします。本の中で書いている３つの資料をPDFでプレゼントいたします。

【3大無料特典】
①感謝シート
https://qr.paps.jp/RFmEt

②親孝行シート
https://qr.paps.jp/sDnnk

③褒め言葉あいうえお表200選
https://qr.paps.jp/RFzz4

＊藤咲徳朗が理事長を務める日本褒め言葉カード協会では毎日メルマガを発刊しています。仕事も家庭も幸せになる「褒める・認める・感謝する会話術」メールセミナーです。
ご登録はこちらからどうぞ→https://www.reservestock.jp/subscribe/68559

●一般社団法人日本褒(ほ)め言葉カード協会ホームページはこちらです。
ご覧ください→http://homekotoba.jp

著者略歴

藤咲　徳朗（ふじさく　とくろう）

昭和33年、福岡県生まれ、大阪育ち。大阪市立大学経済学部卒。
社会保険労務士、一般社団法人日本褒め言葉カード協会代表理事、
株式会社パートナーズリンク社長
日本各地で年間150回を超える講演・セミナー活動を行っている。
褒め言葉カードや褒め言葉トランプを活用して、ポジティブな言葉の力を通じて人々の心の豊かさと成長を促し、思考と言葉を変えることで自己変革と幸福な人生を実現する方法を伝えている。
また、オンラインで行っている仕事もプライベートも幸せになれるコンプリメントコミュニケーションセミナー、幸せな企業研修講師養成講座藤咲塾も大好評。
セミナーの受講者に対して真摯な指導により具体的な実践方法を提供している。受講者の可能性を最大限に引き出すサポートをすることを使命にしている。
◇取得資格：キャリアコンサルタント、メンタルヘルスマネジメント、ＴＡ（交流分析）トレーナー、米国ＮＬＰマスターコース、社労士、レイキセラピストなど。
◇著書：
『オンラインコミュニケーション成功法則』

『中小企業の退職者撲滅法!! 不機嫌な職場を上機嫌な職場に変える！楽習チームビルディング』

『たったひと言で変わる！　ほめ言葉マーケティング――ＡＩ時代に勝つ最先端の方法』

『ぐんぐんと部下が育つリーダーの55の成功習慣 - 信頼されるリーダーになるための教科書』

『ムチャぶりで人を育てる23のコツ－悩みが３分で解決する部下指導術』

よいことが次々と舞い込む、奇跡のプロセス
開運の魔法！　３つのよかったことが幸運の扉を開く

2024年２月28日　初版発行　　2024年４月３日　第２刷発行

著　者　藤咲　徳朗 ©Tokuro　Fujisaku
発行人　森　　忠順
発行所　株式会社 セルバ出版
〒113-0034
東京都文京区湯島１丁目12番６号 高関ビル５Ｂ
☎ 03（5812）1178　　FAX 03（5812）1188
http://www.seluba.co.jp/
発　売　株式会社 三省堂書店／創英社
〒101-0051
東京都千代田区神田神保町１丁目１番地
☎ 03（3291）2295　　FAX 03（3292）7687

●本書の内容に関する質問は FAX でお願いします。

印刷・製本　株式会社丸井工文社

Printed in JAPAN
ISBN978-4-86367-873-6